COLLECTION FOLIO

Paris
sera toujours
une fête

Les plus grands auteurs
célèbrent notre capitale

Préface de Danielle Mérian

Gallimard

Paris

« PARIS EST UNE FÊTE », a écrit Hemingway.
Jules Renard dit qu'il suffit d'ajouter deux lettres
à Paris pour faire PARADIS.

Paris c'est mon village natal.
Je suis née à Paris de parents nés à Paris.
J'ai connu une arrière-grand-mère qui a mangé
du rat à Paris pendant le siège en 1870.

C'est la plus belle ville du monde.
Vous pouvez préférer Rome ou New York.
Moi je vis depuis soixante-dix-huit ans à Paris
et je ne peux vivre ailleurs.

Je pense souvent aux migrants qui ont dû abandonner leur pays, leur ville, leurs habitudes.

Quelle chance d'avoir pu ne pas quitter une
ville de rêve, sauf un an pendant l'occupation
allemande.

J'aime Paris, ville horizontale, ville de province.

J'habite à la Bastille, à deux pas de la place des Vosges, et de tous les hôtels du XVIIIe siècle du quartier du Marais, après avoir habité près de la place des Victoires, et passé toute mon enfance au Quartier latin.

Tous les jours de mon enfance j'ai été jouer au jardin du Luxembourg, un jardin de province. J'admirais les robes longues des statues des reines et princesses et me désolais d'être en robe courte. Bien sûr pour moi c'est le plus beau jardin du monde. Même si j'en ai vu d'admirables en Italie ou en Chine. Je n'ai pas besoin d'être de bonne foi.

Pendant l'occupation allemande le Luxembourg était coupé en deux par une grille qui séparait le palais du Luxembourg du reste du jardin. Quand il neigeait c'était blanc impeccable du côté mort des soldats et marron sale du côté vivant où on jouait. J'ai vu les parterres de roses transformés en cultures de choux-fleurs car les Allemands aussi avaient faim.

Paris, je ne peux pas me passer de ses expositions, de ses théâtres. Ma grand-mère paternelle y a fondé une troupe de théâtre, « Le Coryphée », qui se produisait dans les arènes de Lutèce.

J'aime Paris la nuit quand ses monuments, ses ponts, ses places sont illuminés, et la Tour Eiffel qui pétille comme du champagne.

Partout tout est histoire et l'histoire nous explique notre présent. D'où le bonheur de flâner dans les rues, surtout celles qui tournent.

J'ai besoin d'une ville où coule un fleuve avec des quais bourrés de bouquinistes. Et comment vivre dans un quartier qui ne serait pas plein de librairies, de théâtres, de cinémas, de cafés et de restaurants ? Et bien sûr fréquenter d'abord les bistrots martyrs rouverts depuis les massacres du 13 novembre. Dans le XIe et le Xe arrondissement nous avons recommencé à faire la fête.

Cependant en même temps Paris est en deuil. De jour, la place de la République n'est plus un tohu-bohu. Elle est le mémorial des massacres de janvier et novembre 2015. On tourne en silence autour de la statue de la République habillée des photos et des hymnes à nos morts et on s'incline devant la plaque du peuple de France à ses martyrs.

En leur souvenir je me récite les vers de Baudelaire :

« *Un cœur tendre, qui hait le néant vaste et noir,*
Du passé lumineux recueille tout vestige !
Le soleil s'est noyé dans son sang qui se fige…
Ton souvenir en moi luit comme un ostensoir ! »

De nuit, la place de la République reçoit les jeunes citoyens de NUIT DEBOUT qui rêvent d'un monde démocratique et solidaire et qui le construiront peut-être.

Paris est debout et sera toujours Paris.

DANIELLE MÉRIAN
21 avril 2016

Aimons Paris,
capitale de la liberté !

Tant que Paris ne périra
Gaîté du monde existera.

NOSTRADAMUS
Centuries

DANY LAFERRIÈRE

Paris 1983

Je marche
de jour comme de nuit
dans Paris
depuis si longtemps déjà
que je me demande
qui habite l'autre
toujours ému de savoir
qu'un poète nommé Villon
l'a fait avant moi
qu'un libérateur comme Bolivar
y a séjourné en dandy
que mon jeune voisin Jean de la rue Masson
a fêté son vingtième anniversaire jusqu'à l'aube
dans un bistro situé en face
d'une petite place faiblement éclairée.
J'aime savoir qu'il existe une ville
où les femmes aiment marcher de nuit
sans s'inquiéter des ombres et aussi parce qu'on y
trouve une station de métro avant la fatigue.
J'aime flâner dans une ville où les quartiers
   contrastés
fleurissent au bout de nos rêves.
J'aime m'arrêter à la terrasse des cafés pour

observer le ballet des serveurs.
J'aime écouter dans le métro les conversations
des jeunes filles qui racontent la soirée d'avant.
J'aime voir les jambes nues tout le long de l'été.
Cet art de vivre qu'aucune autre ville ne connaît
mieux que Paris.
Et que personne n'a mieux chanté que Villon et
    Aragon
ou cette jeune fille croisée boulevard Richard-Lenoir
qui s'est exclamée : « Je me suis cassé le talon
mais je m'en fous si c'est à Paris. »
Me voilà dans ma baignoire à lire, cette fois,
Paris est une fête d'Hemingway
tout en me disant qu'elle le sera toujours quoi qu'il
    arrive.

                        (*Souvenir de Dany Laferrière,
                        Montréal, 16 novembre 2015*)

ERNEST HEMINGWAY

Paris est une fête

Il n'y a jamais de fin à Paris et le souvenir qu'en gardent tous ceux qui y ont vécu diffère d'une personne à l'autre. Nous y sommes toujours revenus, et peu importait qui nous étions, chaque fois, ni comment il avait changé, ni avec quelles difficultés – ou quelle facilité – nous pouvions nous y rendre. Paris valait toujours le déplacement, et on recevait toujours quelque chose en retour de ce qu'on lui donnait.

VICTOR HUGO

Paris

Les paroles me manquent pour dire à quel point m'émeut l'inexprimable accueil que me fait le généreux peuple de Paris.

Citoyens, j'avais dit : le jour où la République rentrera, je rentrerai. Me voici.

Deux grandes choses m'appellent. La première, la République. La seconde, le danger.

Je viens ici faire mon devoir.

Quel est mon devoir ?

C'est le vôtre, c'est celui de tous.

Défendre Paris, garder Paris.

Sauver Paris, c'est plus que sauver la France, c'est sauver le monde.

Paris est le centre même de l'humanité. Paris est la ville sacrée.

Qui attaque Paris attaque en masse tout le genre humain.

Paris est la capitale de la civilisation, qui n'est ni un royaume, ni un empire, et qui est le genre humain tout entier dans son passé et dans son avenir. Et savez-vous pourquoi Paris est la ville de la civilisation ? C'est parce que Paris est la ville de la Révolution.

Qu'une telle ville, qu'un tel chef-lieu, qu'un tel foyer de lumière, qu'un tel centre des esprits, des cœurs et des âmes, qu'un tel cerveau de la pensée universelle puisse être violé, brisé, pris d'assaut, par qui ? par une invasion sauvage ? cela ne se peut. Cela ne sera pas. Jamais, jamais, jamais !

Citoyens, Paris triomphera, parce qu'il repré- sente l'idée humaine et parce qu'il représente l'ins- tinct populaire.

L'instinct du peuple est toujours d'accord avec l'idéal de la civilisation.

Paris triomphera, mais à une condition : c'est que vous, moi, nous tous qui sommes ici, nous ne serons qu'une seule âme ; c'est que nous ne serons qu'un seul soldat et un seul citoyen, un seul citoyen pour aimer Paris, un seul soldat pour le défendre.

À cette condition, d'une part la République une, d'autre part le peuple unanime, Paris triomphera.

Quant à moi, je vous remercie de vos acclama- tions, mais je les rapporte toutes à cette grande angoisse qui remue toutes les entrailles, la patrie en danger.

Je ne vous demande qu'une chose : l'union !

Par l'union, vous vaincrez.

Étouffez toutes les haines, éloignez tous les res- sentiments, soyez unis, vous serez invincibles.

Serrons-nous tous autour de la République en face de l'invasion, et soyons frères. Nous vain- crons.

C'est par la fraternité qu'on sauve la liberté.

GUILLAUME APOLLINAIRE

Calligrammes

S
A
LUT
M
O N
D E
DONT
JE SUIS
LA LAN
GUE É
LOQUEN
TE QUE SA
B O U C H E
O PARIS
TIRE ET TIRERA
T O U   JOURS
AUX   A L
LEM   ANDS

JEAN GIRAUDOUX

La Prière sur la Tour Eiffel

Au lieu de remonter la Seine j'ai suivi son courant. Des patrouilles escortaient ce poète qui allait
au travail, – et voici la Tour Eiffel ! Mon Dieu,
quelle confiance il possédait en la gravitation
universelle, son ingénieur ! Sainte Vierge, si un
quart de seconde l'hypothèse de la loi de pesan-
teur était controuvée, quel magnifique décombre !
Voilà ce qu'on élève avec des hypothèses ! Voilà
réalisée en fer la corde que lance au ciel le fakir
et à laquelle il invite ses amis à grimper… J'ai
connu Eiffel, je grimpe… Mon Dieu, qu'elle est
belle, vue de la cage du départ, avec sa large
baguette cousue jusqu'au deuxième, comme à une
superbe chaussette ! Mais elle n'est pas un édifice,
elle est une voiture, un navire. Elle est vieille et
réparée comme un bateau de son âge, de mon
âge aussi, car je suis né le mois où elle sortit de
terre. Elle a l'âge où l'on aime sentir grimper sur
soi des enfants et des américaines. Elle a l'âge où
le cœur aime se munir de T.S.F. et de concerts
à son sommet. Tout ce que j'aime dans les trans-
atlantiques je l'y retrouve. Des parfums incom-
préhensibles, déposés dans un losange d'acier par

un seul passant, et aussi fixes dans leur altitude qu'un cercueil dans la mer tenu par son boulet ; mais surtout des noms de Syriens, de Colombiens, d'Australiens, gravés non sur les bastingages mais sur toutes les vitres, car la matière la plus sensible de cette tour et la plus malléable est le verre. Pas un visiteur étranger qui ne soit monté là avec un diamant... On nous change à chaque instant d'ascenseur pour dérouter je ne sais quelle poursuite, et certains voyageurs, débarrassés de leurs noms et prénoms dès le second étage, errent au troisième les yeux vagues, à la recherche d'un pseudonyme ou d'un parrain idéal.

On donne un quart d'heure d'arrêt sur cette plate-forme. Mais, pour ces quinze minutes d'isolement, Eiffel assembla tout ce qui suffit pour onze mois aux passagers du bateau qui fait le tour du monde, dix jeux de tonneau, dix oracles automatiques, des oiseaux mécaniques par douzaines, et le coiffeur. Chaque exposition a laissé si haut son alluvion, un peu d'alluvion universelle. Celle de 1889, des appareils stéréoscopes où l'on voit les négresses de chaque peuplade du Congo écarter les yeux et les seins devant un spectacle prodigieux qui ne peut être, tant leurs surprises sont semblables, que le photographe. Celle de 1900 des mots russes. Moscou, Cronstadt sont montées elles aussi graver leur nom... Mais que le Musée Galliéra est beau d'ici ! Comme ces disputes que mènent en bas Notre-Dame et le Sacré-Cœur, le Panthéon et la Gare de Lyon, on voit d'ici qu'elles sont truquées pour amuser un peu les hommes et qu'il n'y a, au contraire, entre tous ces édifices qu'accord et que consentement. Désaxés aujourd'hui par un aimant qui est sans doute l'amitié, c'est tout juste si le Pont Alexandre et le Pont de la Concorde ne se rapprochent et ne s'accolent pas. Comme d'ici les lois de l'univers reprennent leur valeur ! Comme les savants ont tort, qui disent l'humanité vouée à la mort, un sexe peu à peu prédominant, et comme au contraire ils apparaissent distribués dans les rues, les voitures et aux fenêtres en nombre égal, ces hommes et ces femmes, qui, la journée finie, se retirent pour engendrer et concevoir, grâce à un stratagème.

LOUIS ARAGON

Paris

Où fait-il bon même au cœur de l'orage
Où fait-il clair même au cœur de la nuit
L'air est alcool et le malheur courage
Carreaux cassés l'espoir encore y luit
Et les chansons montent des murs détruits

Jamais éteint renaissant dans sa braise
Perpétuel brûlot de la patrie
Du Point-du-Jour jusqu'au Père Lachaise
Ce doux rosier au mois d'août refleuri
Gens de partout c'est le sang de Paris

Rien n'a l'éclat de Paris dans la poudre
Rien n'est si pur que son front d'insurgé
Rien n'est si fort ni le feu ni la foudre
Que mon Paris défiant les dangers
Rien n'est si beau que ce Paris que j'ai

Rien ne m'a fait jamais battre le cœur
Rien ne m'a fait ainsi rire et pleurer
Comme ce cri de mon peuple vainqueur
Rien n'est si grand qu'un linceul déchiré
Paris Paris soi-même libéré

PAUL ÉLUARD

Courage

Paris a froid Paris a faim
Paris ne mange plus de marrons dans la rue
Paris a mis de vieux vêtements de vieille
Paris dort tout debout sans air dans le métro
Plus de malheur encore est imposé aux pauvres
Et la sagesse et la folie
De Paris malheureux
C'est l'air pur c'est le feu
C'est la beauté c'est la bonté
De ses travailleurs affamés
Ne crie pas au secours Paris
Tu es vivant d'une vie sans égale
Et derrière la nudité
De ta pâleur de ta maigreur
Tout ce qui est humain se révèle en tes yeux
Paris ma belle ville
Fine comme une aiguille forte comme une épée
Ingénue et savante
Tu ne supportes pas l'injustice
Pour toi c'est le seul désordre
Tu vas te libérer Paris
Paris tremblant comme une étoile
Notre espoir survivant

Tu vas te libérer de la fatigue et de la boue
Frères ayons du courage
Nous qui ne sommes pas casqués
Ni bottés ni gantés ni bien élevés
Un rayon s'allume en nos veines
Notre lumière nous revient
Les meilleurs d'entre nous sont morts pour nous
Et voici que leur sang retrouve notre cœur
Et c'est de nouveau le matin un matin de Paris
La pointe de la délivrance
L'espace du printemps naissant
La force idiote a le dessous
Ces esclaves nos ennemis
S'ils ont compris
S'ils sont capables de comprendre
Vont se lever.

JACQUES PRÉVERT

Paris est tout petit

Paris est tout petit
c'est là sa vraie grandeur
Tout le monde s'y rencontre
les montagnes aussi
Même un beau jour l'une d'elles
accoucha d'une souris

Alors en son honneur
les jardiniers tracèrent
le Parc Montsouris

C'est là sa vraie grandeur
Paris est tout petit.

STEFAN ZWEIG

Paris, ville de l'éternelle jeunesse

Pour la première année de cette liberté conquise, je m'étais promis de m'offrir Paris. Je ne connaissais que superficiellement cette ville inépuisable pour m'y être déjà rendu deux fois et je savais qu'un jeune homme y ayant vécu un an en emporte pour la vie un souvenir de bonheur incomparable. Nulle part, on ne sentait, par tous ses sens éveillés, une identité aussi forte entre sa jeunesse et l'atmosphère que dans cette ville qui se donne à tous et dont aucun ne peut faire complètement le tour.

Je sais bien qu'il n'est plus ce Paris heureux de ma jeunesse, ce Paris qui vous communiquait l'allant dont il était rempli ; peut-être qu'il ne retrouvera plus jamais cette merveilleuse liberté depuis qu'une poigne de fer, la plus tyrannique qui soit sur la terre, lui a imprimé sa marque brûlante. À l'heure où je commençais à écrire ces lignes, les armées allemandes, justement, les tanks allemands avançaient comme un rouleau compresseur, comme une masse grise de termites, pour détruire jusqu'à la racine cet organisme harmonieux avec ses couleurs divines, sa bienheureuse gaieté, son lustre et sa fleur que jamais on ne flétrira. Or maintenant c'est chose faite : le drapeau à croix gammée flotte sur la tour Eiffel, les troupes d'assaut noires paradent insolemment sur les Champs-Élysées de Napoléon, et de loin je sens les cœurs se serrer dans les maisons, les regards humiliés de ces Parisiens autrefois si bienveillants à présent que les bottes des conquérants martèlent le sol de leurs bistros et cafés familiers. Aucun malheur personnel ne m'a jamais autant touché, bouleversé, désespéré que l'humiliation de cette ville bénie entre toutes pour faire le bonheur de quiconque s'en approchait. Sera-t-elle un jour en état de donner à de nouvelles générations ce qu'elle a donné à la nôtre : la meilleure leçon de sagesse, l'exemple le plus admirable par sa façon d'être à la fois libre et créatrice, ouverte à chacun tout en s'enrichissant de cette belle prodigalité ?

FRANÇOIS VILLON

Ballade des femmes de Paris

Quoiqu'on tient belles langagères
Florentines, Vénitiennes,
Assez pour être messagères,
Et mêmement les anciennes ;
Mais soient Lombardes, Romaines,
Genevoises, à mes périls
Pimontoises, Savoisiennes,
Il n'est bon bec que de Paris.

De beau parler tiennent chaïères,
Ce dit-on, les Napolitaines,
Et sont très bonnes caquetières
Allemandes et Prussiennes ;
Soient Grecques, Égyptiennes,
De Hongrie ou d'autres pays,
Espagnoles ou Catelennes,
Il n'est bon bec que de Paris.

Brettes, Suisses n'y savent guères,
Gasconnes, n'aussi Toulousaines :
De Petit Pont deux harengères
Les concluront, et les Lorraines,

Angloises et Calaisiennes,
(Ai-je beaucoup de lieux compris ?)
Picardes de Valenciennes ;
Il n'est bon bec que de Paris.

Prince, aux dames Parisiennes
De bien parler donnez le prix ;
Quoi que l'on die d'Italiennes,
Il n'est bon bec que de Paris.

HENRI CALET

Le Tout sur le tout

De ma lucarne, c'est un beau paysage à l'œil nu. J'ai vue sur Paris depuis le Mont-Valérien, à ma gauche, jusqu'à l'Observatoire de Montsouris, à ma droite. En fait de ville, je ne connais rien de plus beau. C'est la mienne, je suis né dans son ventre. Quel plaisir d'avoir ainsi un panorama superbe à domicile, sous la main, à caresser quand l'envie m'en vient. Je regarde les dômes, les flèches, les coupoles, les tours, les cheminées d'usines, les toits, les siècles, le gris du zinc, de l'ardoise et des fumées ou des brouillards. Le gris est la teinte dominante, mais un gris nuancé, dif-férencié à l'extrême.

Je crois parfois que c'est mon champ. Voilà longtemps que je le laboure et que je le sème : rien n'a germé, rien n'a fleuri.

Et, par-dessus tout, la tour Eiffel, cette longue perche, maigre, rousse, vêtue de dentelle au point de Paris. Ou une énorme aiguille rouillée à tricoter les nuées ? Ou un simple presse-papier-souvenir ? À son sommet, un drapeau la surmonte qui atteste la présence de la France dans le ciel, à tout hasard. La nuit, elle a deux gros yeux rouges d'insomnie.

Depuis quelque temps, elle possède un troisième
œil ; elle voit à quarante kilomètres. Elle doit avoir
un peu plus de mon âge : elle frise la cinquan-
taine. Elle est beaucoup plus grande que moi. J'ai
su son poids exact et le nombre de boulons qu'elle
a dans sa carcasse ; je l'ai connue au temps de sa
plus grande splendeur, quand elle était couverte
de pierreries électriques des pieds à la tête (on dit
qu'un homme se ruina pour elle)......

> *C'est la femme aux bijoux,*
> *Celle qui rend fou,*
> *C'est une enjôleuse...*

L'Arc de Triomphe, là où repose un simple
soldat que j'ai peut-être rencontré de son vivant,
autour de 1913 ; les Invalides, là où repose un
empereur sur les rives de la Seine, au milieu de
ce peuple français qu'il a tant aimé (on le lui rend
bien).

Le Grand Palais de mon ami le Père Bibendum,
l'Opéra où je ne suis jamais allé, Saint-Augustin,
le Printemps, la Butte Montmartre et le Sacré-
Cœur, Dufayel (qui lançait sur nous ses meutes
d'abonneurs), le clocher de Saint-Germain-des-
Prés, Saint-Sulpice, les gazomètres qui montent,
qui descendent, Saint-Eustache, la Tour Saint-
Jacques, Saint-Germain-l'Auxerrois, l'Institut,
Notre-Dame, la Sainte-Chapelle, Saint-Étienne du
Mont (où je fis le serment d'être fidèle à une vieille
femme), le Panthéon, les Buttes-Chaumont, le Val-
de-Grâce, la gare de Lyon, la mairie du XIVe...
Les styles, les plans, les matériaux, les

classes, les âges, les beaux et vilains quartiers se confondent dans la masse des maisons où nous demeurons depuis un temps immémorial, ou presque : ouvriers, employés, financiers, voleurs, prostituées, malades, agonisants, nouveau-nés. De tout un peu.

Des prisons, des casernes, des hôpitaux, des fabriques, des bureaux, des hôtels, des cafés, des bordels, des palais, des banques, des écoles, des dancings, des tripots, des églises, des musées, tout ce qu'il faut pour apprendre à vivre et à souffrir et à se divertir en société.

C'est là-dedans que s'est déroulée une grande partie de l'histoire dont je suis le protagoniste dans des emplois divers : successivement bébé, garçon, adolescent, jeune premier et, depuis peu, monsieur d'âge mûr, le cocu, le bedonnant… Voilà plus de quarante ans que je tiens la scène, parmi l'inattention générale.

Je connais cette ville à fond ; je pourrais la démonter pierre à pierre et la rebâtir ailleurs. C'est ce que j'ai fait lorsque j'ai dû m'éloigner d'elle.

Paris des douze mois de l'année, Paris changeant, Paris des quatre saisons, Paris de poche, Paris de tous les jours, Paris à vol d'oiseau, Paris dans un rectangle de verre à vitre, Paris du matin, Paris la nuit, Paris à la lune, Paris en chanson, Paris à l'arc-en-ciel, Paris aux cent mille pipes, Paris bleu de gel, Paris en rose, Paris transparent, Paris qui sue, Paris à la neige, Paris en voile d'épousée, Paris en toilette du soir, Paris paré de ses étoiles, Paris en petite robe de semaine, Paris emmitouflé dans ses écharpes de brume, Paris

pauvre, abandonné, inhabité, obscurci, bombardé,
Paris riche, Paris bannières au vent...

Je me suis coiffé de cette ville, elle me botte
parfaitement, elle est à ma taille. Je l'ai vue sous
toutes les coutures. C'est une intimité sans plus
aucun secret. Paris en chemise, Paris à poil. Je
m'en fais un tour de cou... C'est entre nous à la
vie à la mort (la vie pour elle, la mort pour moi).

Pendant cinq ans, loin d'ici, j'ai tremblé pour
elle. Allait-elle disparaître ? Je me tenais près
d'elle en pensée, je songeais à elle, je rêvais d'elle.
Chaque fois que je la quittais, je me demandais si
je la retrouverais à sa place, assise sur ses collines.
À distance, je l'aimais encore davantage. Le danger pouvait venir de toutes parts : d'en haut, d'en
bas. Ces palais, ces pavés et ces ponts, ces tours,
ces arcs, ces maisons, toute cette pierre pouvait
sauter, cette pierre paraissait si fragile. Je voyais
la ville comme malade, condamnée même, ton-
due, éventrée déjà.

Elle est intacte. Maintenant, elle respire. On respire de nouveau cette poussière d'air très fin. La
Seine bat ainsi qu'une artère qui porte un sang
vert à l'Île qui pourrait être son cœur.

Les nuages lui font en ce moment un écrin
d'ouate à l'envers.

MICHEL DE MONTAIGNE

Les Essais

Je ne veux pas oublier ceci : que je ne me rebelle jamais tant contre la France, que je ne regarde Paris de bon œil. Elle a mon cœur depuis mon enfance, et il m'en est advenu des choses excellentes : plus j'ai vu, depuis, d'autres villes belles, plus la beauté de celle-ci peut et gagne sur mon affection. Je l'aime par elle-même et plus en son être seul que chargée d'apparat étranger. Je l'aime tendrement, jusqu'à ses verrues et ses taches. Je ne suis Français que par cette grande cité : grande par sa population, grande par son heureuse situation géographique, mais surtout grande et incomparable par la variété et la diversité de ses avantages, la gloire de la France et l'un des plus nobles ornements du monde. Que Dieu en chasse loin nos divisions : entière et unie, je la trouve défendue de toute autre violence. Je l'avertis, que de tous les partis, le pire sera celui qui la mettra en discorde. Et je ne crains pour elle qu'elle-même. Et je crains pour elle autant certainement que pour autre partie de cet État.

Arrivée à Paris

Si vous avez la chance d'avoir vécu jeune homme à Paris, où que vous alliez pour le restant de votre vie, cela ne vous quitte pas, car Paris est une fête.

ERNEST HEMINGWAY
Propos retranscrits par Patrick Hemingway,
Paris est une fête

LOUIS ARAGON

Aurélien

Les Parisiens n'ont jamais de leur ville le plaisir qu'en prennent les provinciaux. D'abord, pour
eux, Paris se limite à la taille de leurs habitudes
et de leurs curiosités. Un Parisien réduit sa ville
à quelques quartiers, il ignore tout ce qui est au-
delà, qui cesse d'être Paris pour lui. Puis il n'y a
pas ce sentiment presque continu de se perdre
qui est un grand charme. Cette sécurité de ne
connaître personne, de ne pouvoir être rencontré par hasard. Il lui arrive d'avoir cette sensation
bizarre au contraire dans de toutes petites villes où
il est de passage, et le seul à ne pas connaître tous
les autres. Mais songez ce que c'est quand cet inco-
gnito vous livre cette forêt de pierres, ces déserts
de macadam.

Bérénice savourait sa solitude. Pour la première
fois de sa vie elle était maîtresse d'elle-même. Ni
Blanchette ni Edmond ne songeaient à la retenir.
Elle n'avait pas même l'obligation de téléphoner
pour dire qu'elle ne rentrait pas déjeuner quand
l'envie lui prenait de poursuivre sa promenade.
Oh, le joli hiver de Paris, sa boue, sa saleté et brusquement son soleil ! jusqu'à la pluie fine qui lui

plaisait ici. Quand elle se faisait trop perçante, il y
avait les grands magasins, les musées, les cafés, le
métro. Tout est facile à Paris. Rien n'y est jamais
pareil à soi-même. Il y a des rues, des boulevards,
où l'on s'amuse autant à passer la centième fois
que la première. Et puis ne pas être à la merci du
mauvais temps...

Par exemple l'Étoile... Marcher autour de
l'Étoile, prendre une avenue au hasard, et se trouver sans avoir vraiment choisi dans un monde
absolument différent de celui où s'enfonce l'avenue suivante... C'était vraiment comme broder,
ces promenades-là... Seulement quand on brode,
on suit un dessin tout fait, connu, une fleur, un
oiseau. Ici on ne pouvait jamais savoir d'avance si
ce serait le paradis rêveur de l'avenue Friedland ou
le grouillement voyou de l'avenue de Wagram ou
cette campagne en dentelles de l'avenue du Bois.
L'Étoile domine des mondes différents, comme des
êtres vivants. Des mondes où s'enfoncent ses bras
de lumière. Il y a la province de l'avenue Carnot
et la majesté commerçante des Champs-Élysées.
Il y a l'avenue Victor-Hugo... Bérénice aimait,
d'une de ces avenues, dont elle oubliait toujours
l'ordre de succession, se jeter dans une rue tra-
versière et gagner l'avenue suivante, comme elle
aurait quitté une reine pour une fille, un roman
de chevalerie pour un conte de Maupassant. Che-
mins vivants qui menaient ainsi d'un domaine à
l'autre de l'imagination, il plaisait à Bérénice que
ces rues fussent aussi bien des morceaux d'une
étrange et subite province ou les venelles vides
dont les balcons semblent avoir pour grille les

dessins compliqués des actions et obligations de leurs locataires, ou encore l'équivoque lacis des hôtels et garnis, des bistros, des femmes furtives, qui fait à deux pas des quartiers riches passer le frisson crapuleux des fils de famille et d'un peuple perverti. Brusquement la ville s'ouvrait sur une perspective, et Bérénice sortait de cet univers qui l'effrayait et l'attirait, pour voir au loin l'Arc de Triomphe, et vers lui la tracée des arbres au pied proprement pris dans une grille. Que c'est beau, Paris ! Là même où les voies sont droites, et pures, que de tournants... Nulle part à la campagne, le paysage ne change si vite ; nulle part, même dans les Alpes ou sur les bords de la mer, il n'y a de si forts aliments pour le rêve d'une jeune femme désœuvrée, et ravie de l'être, et libre, libre de penser à sa guise, sans se surveiller, sans craindre de trahir sur son visage le fond de son cœur, de laisser échapper une phrase qu'elle regretterait parce qu'elle aurait fait du mal à quelqu'un...

Parfois l'envie lui prenait de changer de ville. Elle sautait dans l'autobus, n'importe quel autobus, et gagnait l'autre bout de Paris. Elle aimait rester sur la plate-forme, bousculée par les gens qui montent et ceux qui descendent, sensible aux densités variables des quartiers. Elle ne se lassait pas d'éprouver les transformations autour d'elle. Qu'après les Champs-Élysées, la Concorde, la rue de Rivoli parût si étroite, suivant tout à fait comme une idée les étapes d'un raisonnement vers son but ; d'abord le long d'un jardin, comme si l'imagination des arbres libres tout à l'heure eût été maintenant retenue derrière ces grilles noires, et envahie peu à peu de statues pour préparer Bérénice à longer un palais. Les arcades, de l'autre côté, ajoutaient leur caractère de décor logique à ce développement de pierre. Puis après le palais, les arcades cédaient très vite, et la rue devait alors abandonner l'imagination pour la raison, des maisons de part et d'autre, des maisons comme toutes les maisons. L'orgueil du commerce, avec la Samaritaine pour monument, la Samaritaine qui remplace le Louvre. Le trafic des Halles à travers la rue. L'échappée d'arbres encore offerte quand on passe à hauteur du Châtelet, vers la rive gauche et ses rêveries. Puis c'est fini. Passé l'Hôtel de Ville, la rue va s'étrangler, se poursuivre par la rue Saint-Antoine lourde de souvenirs, grosse de menaces, jusqu'à ce qu'enfin l'autobus atteigne cette place énorme, cette réplique de l'Étoile où s'élève la colonne de Juillet.

Là le jeu pouvait recommencer... Bérénice se perdait à nouveau de la rue de la Roquette au boulevard Henri-IV, du faubourg Saint-Antoine au canal Saint-Martin...

Pour ne rien dire du Quartier Latin. Son mystère est grand pour une femme de la province, qui le voit avec tout ce que les romans en ont dit, le charme de la convention. Et puis il y avait les grands libraires, pleins de nouveautés qui valaient les fruits d'Hédiard, place de la Madeleine. Boulevard Saint-Germain, chez Crès, où on pouvait flâner des heures, à lire les livres et les revues entre les pages non coupées. Une petite boutique grise dans la rue de l'Odéon, dont elle aima les femmes qui la tenaient. L'une d'elles, la blonde, lui dit qu'elle était Savoyarde et lui vendit une première édition de Jules Romains, et le livre du petit Paul Denis, *Défense d'entrer*. C'était déconcertant, un peu court. Les livres sous les galeries de l'Odéon avaient un attrait différent. On n'était pas sûr d'avoir le droit de les regarder.

Merveille de Paris. Ne plus penser. Ne plus se sentir courbée par la bonté, par la pitié. Être à nouveau comme jadis la petite fille qui sautait à la corde sans se poser de questions. Elle pouvait rire sans raison. Personne ne l'embarrasserait, demandant de la meilleure foi du monde : « Qu'est-ce qui te fait rire ? » Elle pouvait regarder les gens ou les ignorer. Elle pouvait oublier Lucien sans se le reprocher. Il y avait les Grands Boulevards et il y avait le Luxembourg, il y avait la gare de l'Est et il y avait Montrouge. Changer de quartier n'était une infidélité à personne : les Invalides ne la gronderaient pas du temps passé aux Buttes-Chaumont.

Elle rentrait rue Raynouard, heureuse, assouplie, avec des joues roses comme si elle avait couru tout le jour dans les champs. « Il y a une lettre pour toi… », lui criait Blanchette. Elle enlevait son chapeau, soudain sérieuse, prenait la lettre. Elle s'en allait la lire sur la terrasse, au-dessus de ce Paris qu'un jour ou l'autre il faudrait perdre. La lire lentement, en appuyant chaque mot contre son cœur, cette lettre affectueuse, gentille, bonne, qui lui donnait l'envie de mordre et de sangloter.

ROGER GRENIER

Paris ma grand'ville

Je ne sais pas si je suis un provincial ou un Parisien. Je suis né par hasard en Normandie. Pau et le Béarn où j'ai passé mon enfance et mon adolescence m'ont inspiré une bonne partie de mes livres. Mais ma ville, c'est Paris. J'ai l'impression que les vrais Parisiens sont ceux qui sont nés ailleurs et pour qui vivre à Paris est une conquête. Il me suffit de passer sur un pont de la Seine, et je m'émerveille. D'un côté, la Cité, Notre-Dame, de l'autre, le Grand Palais, la colline de Chaillot. Et des ciels incomparables ! Ce n'est pas un rêve, je suis à Paris !

Le lendemain de mon arrivée, par la gare d'Orsay – aujourd'hui, ses quais étant trop petits pour les trains actuels, on l'a transformée en musée, le musée d'Orsay –, un copain m'a donné rendez-vous au mythique café de Flore, à Saint-Germain-des-Prés. Les vieux habitués ne disaient jamais « au Flore », mais « à Flore ». Nous avons été servis par le célèbre garçon de café, Pascal. C'était peut-être lui que Sartre avait décrit dans *L'Être et le Néant*, en analysant « l'en-soi du garçon de café ».

Après ce début spectaculaire, la crise du logement et les avatars de l'existence m'ont fait faire le tour de la ville, du nord au sud, de l'est à l'ouest. J'ai hanté les Gobelins, où une bourgeoisie un peu déchue cachait son appauvrissement. La gare du Nord où tout semblait organisé, commerces et brasseries, pour détrousser les Anglais et les Belges dès qu'ils débarquaient. Le quinzième arrondissement où les ateliers d'artisans allaient céder la place aux immeubles pour jeunes cadres. La Rive droite et la Rive gauche... J'ai beaucoup marché à pied, parce que les métros et les bus étaient rares, mais aussi par plaisir. Quand on se promène le nez en l'air, on découvre une seconde ville. Les derniers étages des immeubles ont une architecture bien à eux, semblent indépendants de ce qui existe au-dessous. Ils forment une cité perchée dans le ciel.

À Pau, mon père faisait partie d'une société qui s'appelait Les Amis de Paris. Ce genre de club n'existe plus. Il y aurait plutôt des sociétés des ennemis de Paris. Les provinciaux nous détestent. C'est sans doute parce que la France est depuis des siècles un État centralisé à l'extrême. Tout passe par la capitale, tout converge vers elle. Les efforts récents de décentralisation paraissent peu de chose. Mon père avait une bonne raison d'adhérer aux Amis de Paris. Il était né rue Mazarine.

Parfois, dans la grande ville, je cherche des traces de ma famille. J'ai l'impression d'être un archéologue. Le père de mon père était prote dans un journal d'annonces, *Les Petites Affiches*, situé rue Croix-des-Petits-Champs. Sur de vieux papiers je lis sa profession : typographe. Et j'ai été si longtemps, comme journaliste et éditeur, lié à l'imprimerie, à l'encre, au papier, que je suis heureux d'avoir un grand-père typographe. De la rue Mazarine, il n'avait que la Seine à traverser, par le pont des Arts. Ensuite, il a ouvert une imprimerie à son compte boulevard de Strasbourg. Grâce à une photo où l'on distingue une borne de porte cochère semblable à nulle autre, j'ai pu identifier la maison, au 43. Par le même procédé, cette fois une fontaine dans une cour, j'ai retrouvé 3, rue Poissonnière, dans le quartier du Sentier, le domicile de ma famille maternelle, qui avait débarqué du Languedoc, je ne sais ni pourquoi ni comment.

Je ne parcours jamais le vieux quartier des Halles, où habitaient mes parents avant la Première Guerre, sans penser à l'aventure, érotique et macabre à la fois, vécue au début du XVIIIᵉ siècle par le maréchal de Bassompierre. Une histoire si séduisante et terrifiante que Goethe et Hugo von Hofmannsthal en ont fait des récits. Bassompierre rencontre une belle lingère sur le Petit-Pont. Après une nuit inoubliable, les amants décident de se revoir. Mais la première qui arrive au rendez-vous, c'est la Peste. Et à propos de ce fléau qui n'épargna pas Paris, quand je dois aller à la Maison de la radio, je passe par le pont de Grenelle sous lequel s'étend en longueur l'île des Cygnes. J'allais y promener mon chien Ulysse. Mais au temps jadis, on l'appelait l'île Maquerelle et on y enterrait les victimes de la peste.

Les cimetières parisiens sont très beaux, on peut s'y promener à loisir. Au Père-Lachaise, outre Héloïse et Abélard, et Jim Morrison, il y a par exemple la tombe de Victor Noir, journaliste assassiné en 1870 par le prince Bonaparte. Son gisant donne lieu à une superstition des femmes du quartier. Celles qui veulent un enfant viennent toucher le renflement du pantalon. Au cimetière de Passy, le monument funéraire de Marie Bashkirtseff, la petite Russe passée à la postérité grâce à son *Journal*, est meublé de façon extraordinaire, en style 1880, avec des photos, des tableaux, des bustes. C'est un salon.

Ce pittoresque des sépultures m'a longtemps diverti. Mais aujourd'hui, il y a des cimetières, Montparnasse en particulier, où je commence à retrouver trop d'amis.

Il y a quelques années, on se récitait encore le nom des plus célèbres bordels de la capitale, fermés à jamais et entrés dans l'Histoire : le Sphinx, le One Two Two, le Chabanais…

On a beau aimer Paris, l'explorer dans tous ses recoins, il reste toujours des lacunes dans notre géographie sentimentale, des taches blanches sur le plan. Pour ne pas avoir été étudiant à la Sorbonne, j'ai raté le jardin du Luxembourg, hanté par tant de générations d'escholiers. Il reste pour moi une *terra incognita*, un endroit où je ne me sens pas chez moi.

Parlons Beaux-Arts. Place Furstenberg, derrière Saint-Germain-des-Prés, il y a un petit musée, l'atelier de Delacroix. Autrefois, on pouvait y acheter très bon marché des photos prises par l'artiste (on sait qu'il était un adepte de la photographie). Rue de l'Odéon, chez les marchands d'estampes, on trouvait pour rien des *Prisons* de Piranèse. Mais c'était encore trop cher pour moi.

Depuis toujours, les rues de Paris sont associées dans ma tête aux chansons d'Aristide Bruant. « Je cherche fortune autour du Chat Noir, au clair de la lune, à Montmartre le soir... » Rue Saint-Vincent et cette malheureuse qui était jeune, qui était belle, qui rentrait par la rue des Saules... et la Bastille où l'on aime bien Nini-Peau-d'Chien, si bonne et si gentille. Et même La Roquette où l'on met son cou dans la lunette...

Et puis, je devrais dire et surtout, Paris foisonne en traces littéraires.

Baudelaire, on s'épuiserait à le suivre dans sa trentaine de domiciles parisiens. Gérard de Nerval, hélas, hante un seul lieu. C'est la rue de la Vieille-Lanterne, où il se pendit, une nuit d'hiver « noire et blanche », rue disparue aujourd'hui. Le trou du souffleur du Théâtre de la Ville serait exactement à l'emplacement de la grille à laquelle Nerval s'est pendu. Selon Baudelaire, il « alla discrètement, sans déranger personne, – si discrètement que sa discrétion ressemblait à du mépris, – délier son âme dans la rue la plus noire qu'il pût trouver... » Quel homme, dans tout le XIXe siècle, fut plus délicieux que Gérard de Nerval ? Un de ses contemporains, Eugène de Mirecourt, le décrit ainsi : « ... une franche et loyale physionomie, sur laquelle, chose rare en ce bas monde, se reflètent à la fois la bonté, l'esprit, la finesse et la candeur ». À quoi cela lui a-t-il servi ? À aller se pendre, avec un cordon de tablier de cuisine par une nuit de gel, et à finir à la morgue, « couché nu sur un couvercle de zinc », comme l'a vu Maxime Du Camp.

Quand je vivais dans le quartier des Gobelins,

je longeais en imagination le cours de la Bièvre, pauvre petite rivière enterrée, comme un vulgaire égout, mais quand même poétique. La Bièvre, cela veut dire la rivière des castors. Elle est souvent évoquée par les écrivains, et je pensais aux scènes des *Misérables*, de Victor Hugo, qui se déroulent dans ce quartier. Lorsque je vais prendre l'air dans les jardins du musée Rodin, comment ne pas penser à Rainer Maria Rilke ? Quand j'habitais rue de Lourmel, je n'arrivais pas à chasser de mon esprit que le premier texte écrit par Henry Miller a pour titre *Brouillard sur la rue de Lourmel*.

Paris littéraire… Pourquoi m'éloigner de ma rue du Bac, dont j'aimerais qu'après tant d'errances à travers Paris, elle soit ma demeure définitive ? Le numéro 1, au bord de la Seine, est l'emplacement de la maison de d'Artagnan, le célèbre mousquetaire immortalisé par Alexandre Dumas. À l'autre bout, c'est Le Bon Marché, le grand magasin qui a inspiré à Émile Zola *Au Bonheur des Dames*. Entre les deux, Baudelaire a vécu enfant. En continuant à descendre la rue, il y a eu Malraux, Mme de Staël, Romain Gary, Jacques Prévert, Chateaubriand qui a vécu au 27, au 42, puis est mort au 120. Comme voisins, on fait pire.

J'allais oublier Stendhal. Il débarque à Paris le 15 avril 1802, et logera dans une mansarde au coin de la rue du Bac et de ce qui est aujourd'hui la rue Paul-Louis-Courier. Bientôt, il écrit dans son *Journal* :

« Je fous Mme R(ebuffel) depuis le début de fructidor. »

Beyle veut être grossier et il devient poétique,

à cause du mot « fructidor », chargé de sensua-
lité, comme sans doute cette Magdeleine Rebuf-
fel, femme mûrissante dont il essayait en même
temps de conquérir la fille, la revêche Adèle.

Parfois, c'est peut-être un sournois masochisme,
j'imagine que je pourrais passer ailleurs le temps
qui me reste à vivre. New York ? Lucca en Tos-
cane ? Burano, la petite île de la lagune vénitienne
aux maisons de pêcheurs multicolores ?... Non,
Paris, point final.

Dans une « romance » sur la rue Soufflot, des-
tinée à l'éventail de Marie Laurencin, Valery Larbaud écrit : « ... toute notre vie aura été un petit
voyage en rond et en zigzag dans Paris ».

ANNA DE NOAILLES

L'Occident

– Et puis, soudain, brûlant, fougueux, désespéré,
N'ayant jamais trouvé l'ivresse qui pénètre,
Le bonheur dont on meurt et dont on va renaître,
Le suffocant plaisir, abeille dont le dard
Est enduit d'un sirop de mangues et de nard,
La volupté sans fin, sans bord, qui nous étouffe
Sous ses roses tombant par grappes et par touffe,
Partir, fuir, s'évader de ce lourd paradis,
Écarter les vapeurs, les parfums engourdis,
Les bleuâtres minuits, les musiques aiguës
Qui glissent sous la peau leurs mortelles ciguës,
Et rentrer dans sa ville, un soir tiède et charmant
Où l'azur vit, reluit, respire au firmament ;
Voir la Seine couler contre sa noble rive,
Dire à Paris : « Je viens, je te reprends, j'arrive ! »
Voir aux deux bords d'un pont, cabrés comme
    le feu,
Les chevaux d'or ailés qui mordent le ciel bleu,
Voir trembler dans l'éther les palais et les dômes,
Sentir, en contemplant la colonne Vendôme
Qui lance vers les dieux son jet puissant et dur,
Que l'orgueil fait un geste aussi haut que l'azur !
Attirer dans ses bras, sur le cœur qui s'entr'ouvre,

Le prolongement noir et glorieux du Louvre,
Et pleurer de plaisir, d'ardeur, tendre ses mains
À la ville du rêve et de l'effort humains,
Goûter, les yeux fermés, comme on goûte une
    pêche,
L'odeur du peuplier, du sorbier ; l'ombre fraîche
Qui dort paisiblement comme l'eau sous un pont,
Sous le feuillage étroit des vernis du Japon !
Toucher, quand la chaleur aux cieux s'est attardée,
Le fusain, le cytise et l'arbre de Judée
Soupirant chaque soir au jardin court et clos
Qui s'avance, sur le trottoir, comme un îlot ;
Et, bénissant cet air de douceur et de gloire,
Se sentant envahi par la suprême Histoire,
Par la voix des héros, et par la volupté
Montant à tout instant de toute la cité,
Repousser l'Orient, qui jamais ne nous livre
Le secret de vouloir, de jouir et de vivre,
Couronner de tilleul, d'orge, de pampre ardent
Le fécond, le joyeux, le vivace Occident,
Et noyer dans vos flots nos languissants malaises,
Longs étés épandus sur les routes françaises !...

BENOÎT DUTEURTRE

À *nous deux, Paris !*

Deux heures plus tard, tandis que sa famille filait sur l'autoroute, Jérôme sortit de l'immeuble après avoir recopié quelques adresses recommandées par *Actuel*. Il avait enfilé le blouson de cuir oublié chez lui par un ami au début de l'été. Perpétuellement désargenté, le jeune Dieppois composait sa garde-robe comme il pouvait : annexant ce qu'on lui prêtait, récupérant dans les armoires familiales des costumes démodés qui pouvaient se *remoder*.

Débouchant boulevard du Montparnasse, il fut impressionné par la circulation très dense à la nuit tombée : ce passage incessant d'autobus et de voitures, cette cohue des piétons, inconcevable à la même heure en province. Il s'enchanta de reconnaître des brasseries aux noms célèbres : Le Sélect, La Coupole, Le Dôme. En amoureux de l'art moderne, il admira l'enseigne lumineuse de La Rotonde dont les grandes lettres géométriques rappelaient les affiches des années 1920. À l'intérieur, des êtres bavardaient, mangeaient, fumaient devant des empilements d'huîtres et de choucroute. Devant la carte, Jérôme eut un mouvement de recul : un repas, ici, devait coûter au bas mot quarante francs ; de quoi se nourrir pendant une semaine. Un peu plus loin, levant la tête vers la tour de cinquante-neuf étages qui dominait le quartier depuis 1970, il éprouva une impression de puissance ; puis il s'engouffra dans le métro en direction de Châtelet-Les Halles.

Tandis que la rame sur pneus de la ligne 4 glissait silencieusement d'une station à l'autre, Jérôme, accroché à la barre de métal, se répétait : « Je suis un Parisien dans le métro. » Jusqu'alors, il n'avait été qu'un provincial dans le métro, et ce changement de statut suffisait à l'enchanter. Il regardait sur les banquettes ces corps affalés, épuisés par une journée de travail, comme s'il se sentait plus proche d'eux. Un jour, à son tour, il deviendrait *tellement parisien* qu'il bâillerait avec les autres. En attendant, il s'efforçait d'imiter leurs poses nonchalantes, leurs expressions blasées, comme un habitué des transports en commun. Sur les murs noirs du tunnel, des publicités pour un apéritif se répétaient à un rythme saccadé : « Dubo – Dubon – Dubonnet… » Elles existaient déjà dans son enfance, lorsqu'il changeait de train à Paris. À présent, défraîchies, elles semblaient rejoindre l'archéologie d'une France disparue.

Le quartier des Halles, au contraire, représentait la France nouvelle. Quelques années plus tôt, l'ancien « ventre de Paris » avec ses pavillons de viande, de poisson, de fruits et légumes, avait disparu sous l'assaut des bulldozers, faisant place à un immense chantier encore inachevé. Tout autour du « trou des Halles », les rues avoisinantes

étaient devenues le lieu de prédilection des jeunes
gens à la mode. Dans les boutiques, les bars, les
restaurants, les boîtes de nuit s'affichaient les
tendances les plus pointues du style *new wave*.
Aujourd'hui, Jérôme débarquait à son tour pour
rejoindre cette armée de poètes et de rieurs oppo-
sés à la tyrannie du conformisme.

La station « Les Halles » où il descendit avait
elle-même quelque chose d'avant-gardiste. Plusieurs escalators descendaient vers les correspon-
dances et les galeries marchandes récemment
inaugurées. Ce n'était plus le métro des poinçon-
neurs et des clochards, mais l'entrée d'une ville
souterraine reliée aux récentes lignes du RER.
Pénétré de théories, l'étudiant en histoire de l'art
discernait volontiers dans ce décor *high tech* la
possibilité d'une froide beauté fondée sur la répé-
tition et la banalité, comme les fameuses *Camp-
bell's soup* d'Andy Warhol. Remettant à plus tard
l'exploration des profondeurs, il se dirigea toutefois vers la surface.

Un an après l'inauguration du Forum des Halles
– ce centre commercial qui constituait la première
tranche du chantier –, le quartier demeurait obs-
trué par des rangées de palissades. À l'ouest,
d'immenses grues dressées sous les nuages annon-
çaient les prochaines étapes du projet urbain. Près
du métro, quelques ruelles moyenâgeuses faisaient
face aux bâtiments récemment sortis de terre :
murs de plexiglas reliés par des armatures métal-
liques, surplombés de tourelles futuristes. Un peu
plus loin, dans la pénombre, une large voie pié-
tonnière accueillait des terrasses de café peuplées

d'une clientèle jeune et débraillée. Jérôme s'étonna
d'y reconnaître quelques restes de *flower power*,
chemises à fleurs et cheveux longs. D'autres tablées
privilégiaient les panoplies de rockeurs américains
des années 1950 ; on y arborait la veste brodée, le
perfecto, et même le chapeau de cow-boy. Devant
la terrasse du Père-Fouettard, un bistrot rescapé
des transformations urbaines, une Cadillac rose
stationnait en travers de la rue piétonne.

Était-ce là cette avant-garde qui, chaque nuit,
s'enivrait de danse et de musique pour opposer
sa désinvolture à l'ordre social ? D'après ce que
Jérôme avait lu dans les magazines, les « jeunes
gens modernes » se retrouvaient dans ces cafés,
puis la fête se prolongeait dans quelques boîtes
de nuit : au Palace, à la Main-Bleue, mais surtout
aux Bains-Douches, véritable cathédrale de l'esprit
nouveau depuis son ouverture en 1978. L'établissement se situait non loin de là, rue du Bourg-
l'Abbé. Jérôme avait étudié son plan avant de
partir. Il se demandait toutefois à quoi ressemblait
cet établissement dont le nom lui paraissait mys-
térieux. Y trouvait-on réellement des bains et des
douches ? S'y rassemblait-on sous une pluie d'eau
chaude ? Y abordait-on facilement les figures de la
new wave française, comme Jacno, dont il venait
d'acheter le disque *Rectangle* (il avait goûté ces
rengaines mécaniques et sucrées comme une déri-
sion de musique commerciale).

Parvenu boulevard de Sébastopol, où une circulation ininterrompue remontait vers le nord,
Jérôme tourna à gauche. Il marcha droit devant
lui sous les marronniers, dressant la tête à chaque

carrefour. Apercevant enfin une plaque indiquant « rue du Bourg-l'Abbé », il reprit sa respiration, inquiet de savoir comment les choses allaient se passer. Puis il s'avança en tâchant d'adopter la démarche naturelle d'un « habitué ».

La rue était courte mais encombrée. Au milieu s'élevait la façade d'anciens bains-douches municipaux. Un bref escalier encadré de grilles grimpait du trottoir vers l'entrée. Au pied des marches se regroupaient des jeunes gens qui dressaient la tête vers la porte à tambour et ses deux gardes-chiourme. Quelques voitures ralentissaient pour laisser descendre des passagers. Un cabriolet s'engagea sur la chaussée, puis freina. Un couple en sortit et fendit la foule pour gravir les marches et entrer glorieusement.

Quelques mètres en arrière, le Normand hésitait encore, redoutant de passer pour un plouc. Son orgueil lui interdisait de commettre certaines erreurs. Or, il était clair que la vingtaine d'individus massés sur le trottoir attendait vainement la permission d'entrer. Leurs regards imploraient la grande femme de type arabe qui trônait au sommet de l'escalier, insolente et belle entre deux videurs costumés. Alternant arguments et plaisanteries, chaque postulant espérait convaincre la physionomiste de lui donner sa chance ; mais à chacun elle renvoyait un regard dédaigneux. Loin de se décourager, la jeunesse semblait prête à patienter jusqu'à l'heure où, peut-être, la reine de la nuit finirait par désigner quelques élus.

Certains garçons se la jouaient Clark Gable, avec cheveux gominés et moustache fine. Un couple, influencé par le groupe Devo, portait de blanches combinaisons de décontamination. On sentait que tous avaient consacré du temps et de l'énergie à la confection de leur *look*, si bien que Jérôme, par comparaison, se demandait s'il avait la moindre chance d'être accepté, avec son pantalon de plastique noir, son tee-shirt rouge et son blouson de cuir. D'après ce qu'il croyait savoir, l'*apparence* déterminait la possibilité d'entrer ou non dans une boîte à la mode. Pourtant, certains personnages extravagants demeuraient sur le trottoir. Au contraire, de temps à autre, un client négligé, grimpant les marches d'un pas assuré, tombait dans les bras de la physionomiste pour échanger de langoureux baisers avant de s'enfoncer comme chez lui à l'intérieur des Bains-Douches.

Après avoir hésité, appuyé contre un mur en fumant une cigarette, Jérôme Demortelle décida qu'il ne se risquerait pas ce soir-là. Il était à la recherche d'une confrérie artistique, pas d'un regard hautain ni d'un ticket pour danser. Se voir confondu avec cette jeunesse écervelée lui semblait déjà déplaisant ; se voir publiquement rejeté serait carrément insupportable.

— Regarde-moi ces nazes qui s'accrochent comme des rats.

Une voix féminine venait de parler dans l'ombre. Se tournant sur le côté, Jérôme discerna une fille de taille moyenne, coiffée à la Jeanne d'Arc. Affublée d'une jupe courte en daim et d'un corsage à paillettes, tenant sous le bras un sac à main plastifié des années 1950, elle aussi observait cette scène pitoyable. L'apprenti Parisien préféra ironiser :

— Je regarde ça comme une comédie : ceux qui passent, ceux qui réclament en vain, comme s'il était tellement important d'entrer !

Il voulait montrer qu'il s'en fichait. La fille reprit :

— Le problème avec Farida, c'est qu'on ne peut jamais prévoir. Un jour, elle est gentille, elle te laisse passer. Le lendemain, elle te connaît pas…

La belle femme de la porte s'appelait Farida. Jérôme venait d'acquérir cette information capitale. Ce n'était pas négligeable pour une première approche. Soudain, il demanda à la fille :

— Tu y vas, toi ?

— Oh non ! J'avais rendez-vous avec un habitué ; mais il n'est pas venu.

Deuxième information : il importait de connaître un « habitué ». Plutôt que de tenter l'impossible, ils s'éloignèrent ensemble en direction de Beaubourg… Après quelques pas, la fille dit à Jérôme qu'elle s'appelait Mélanie. Devant le Centre Pompidou, ils s'assirent pour fumer une autre cigarette et Jérôme se présenta comme un musicien. Mélanie, elle, comptait reprendre ses études commerciales après une année difficile. Ils arrivaient place du Châtelet quand elle demanda s'il pourrait l'héberger pour la nuit, car elle se trouvait dans le pétrin à cause de cet « habitué » qui n'était pas venu. Ravi de connaître une Parisienne, Jérôme s'empressa d'accepter ; puis il redouta le malentendu. Il n'avait aucune envie de coucher avec elle. Comme pour le rassurer, Mélanie précisa :

— T'inquiète pas, je t'embêterai pas. Juste un petit coin, et je file demain matin…

Jérôme, rassuré, lui proposa son divan. C'est ainsi que, dès sa première nuit dans la capitale, il ramena une fille chez lui, et que chacun dormit bien tranquillement de son côté.

Le canapé se trouvait près du téléphone, qui sonna le matin vers dix heures. Mélanie décrocha machinalement, puis cria à son hôte encore assoupi :

— Jérôme, c'est ta mère...

Paniqué, l'étudiant sortit du lit et se précipita vers le combiné pour reconnaître la voix sèche de Chantal Demortelle :

— C'est quoi, ça ?

Il s'efforça de la rassurer en bredouillant :

— Rien du tout, je t'assure, juste une copine.

— Eh bien, dis donc, tu perds pas de temps !

Chantal semblait irritée, comme si Jérôme avait déjà trahi sa confiance. Dans un élan maternel, elle avait voulu prendre des nouvelles de cette première soirée. Elle raccrocha, perplexe, redoutant que son fils ait sombré dans une existence débauchée.

Errances parisiennes

Le seul véritable voyage, ce ne serait pas
d'aller vers de nouveaux paysages, mais
d'avoir d'autres yeux, de voir l'univers avec
les yeux d'un autre, de cent autres, de voir
les cent univers que chacun d'eux voit, que
chacun d'eux est.

MARCEL PROUST
À la recherche du temps perdu

RAYMOND QUENEAU

Zazie dans le métro

Doukipudonktan, se demanda Gabriel excédé. Pas possible, ils se nettoient jamais. Dans le journal, on dit qu'il y a pas onze pour cent des appartements à Paris qui ont des salles de bains, ça m'étonne pas, mais on peut se laver sans. Tous ceux là qui m'entourent, ils doivent pas faire de grands efforts. D'un autre côté, c'est tout de même pas un choix parmi les plus crasseux de Paris. Y a pas de raison. C'est le hasard qui les a réunis. On peut pas supposer que les gens qu'attendent à la gare d'Austerlitz sentent plus mauvais que ceux qu'attendent à la gare de Lyon. Non vraiment, y a pas de raison. Tout de même quelle odeur.

Gabriel extirpa de sa manche une pochette de soie couleur mauve et s'en tamponna le tarin.

— Qu'est-ce qui pue comme ça ? dit une bonne femme à haute voix.

Elle pensait pas à elle en disant ça, elle était pas égoïste, elle voulait parler du parfum qui émanait de ce meussieu.

— Ça, ptite mère, répondit Gabriel qui avait de la vitesse dans la repartie, c'est Barbouze, un parfum de chez Fior.

— Ça devrait pas être permis d'empester le monde comme ça, continua la rombière sûre de son bon droit.

— Si je comprends bien, ptite mère, tu crois que ton parfum naturel fait la pige à celui des rosiers. Eh bien, tu te trompes, ptite mère, tu te trompes.

— T'entends ça ? dit la bonne femme à un ptit type à côté d'elle, probablement celui qu'avait le droit de la grimper légalement. T'entends comme il me manque de respect, ce gros cochon ?

Le ptit type examina le gabarit de Gabriel et se dit c'est un malabar, mais les malabars c'est toujours bon, ça profite jamais de leur force, ça serait lâche de leur part. Tout faraud, il cria :

— Tu pues, eh gorille.

Gabriel soupira. Encore faire appel à la violence. Ça le dégoûtait cette contrainte. Depuis l'hominisation première, ça n'avait jamais arrêté. Mais enfin fallait ce qu'il fallait. C'était pas de sa faute à lui, Gabriel, si c'était toujours les faibles qui emmerdaient le monde. Il allait tout de même laisser une chance au moucheron.

— Répète un peu voir, qu'il dit Gabriel.

Un peu étonné que le costaud répliquât, le ptit type prit le temps de fignoler la réponse que voici :

— Répéter un peu quoi ?

Pas mécontent de sa formule, le ptit type. Seulement, l'armoire à glace insistait : elle se pencha pour proférer cette pentasyllabe monophasée :

— Skeutadittaleur...

Le ptit type se mit à craindre. C'était le temps pour lui, c'était le moment de se forger quelque bouclier verbal. Le premier qu'il trouva fut un alexandrin :

— D'abord, je vous permets pas de me tutoyer.

— Foireux, répliqua Gabriel avec simplicité.

Et il leva le bras comme s'il voulait donner la beigne à son interlocuteur. Sans insister, celui-ci s'en alla de lui-même au sol, parmi les jambes des gens. Il avait une grosse envie de pleurer. Heureusement vlà ltrain qu'entre en gare, ce qui change le paysage. La foule parfumée dirige ses multiples regards vers les arrivants qui commencent à défiler, les hommes d'affaires en tête au pas accéléré avec leur porte-documents au bout du bras pour tout bagage et leur air de savoir voyager mieux que les autres.

Gabriel regarde dans le lointain ; elles, elles doivent être à la traîne, les femmes, c'est toujours à la traîne ; mais non, une mouflette surgit qui l'interpelle :

— Chsuis Zazie, jparie que tu es mon tonton Gabriel.

— C'est bien moi, répond Gabriel en anoblissant son ton. Oui, je suis ton tonton.

La gosse se marre. Gabriel, souriant poliment, la prend dans ses bras, il la transporte au niveau de ses lèvres, il l'embrasse, elle l'embrasse, il la redescend.

— Tu sens rien bon, dit l'enfant.

— Barbouze de chez Fior, explique le colosse.

— Tu m'en mettras un peu derrière les oreilles ?

— C'est un parfum d'homme.

— Tu vois l'objet, dit Jeanne Lalochère s'amenant enfin. T'as bien voulu t'en charger, eh bien, le voilà.

— Ça ira, dit Gabriel.

— Je peux te faire confiance ? Tu comprends, je ne veux pas qu'elle se fasse violer par toute la famille.

— Mais, manman, tu sais bien que tu étais arrivée juste au bon moment, la dernière fois.

— En tout cas, dit Jeanne Lalochère, je ne veux pas que ça recommence.

— Tu peux être tranquille, dit Gabriel.

— Bon. Alors je vous retrouve ici après-demain pour le train de six heures soixante.

— Côté départ, dit Gabriel.

— Natürlich, dit Jeanne Lalochère qui avait été occupée. À propos, ta femme, ça va ?

— Je te remercie. Tu viendras pas nous voir ?

— J'aurai pas le temps.

— C'est comme ça qu'elle est quand elle a un jules, dit Zazie, la famille ça compte plus pour elle.

— A rvoir, ma chérie. A rvoir, Gaby.

Elle se tire.

Zazie commente les événements :

— Elle est mordue.

Gabriel hausse les épaules. Il ne dit rien. Il saisit la valoche à Zazie.

Maintenant, il dit quelque chose.

— En route, qu'il dit.

Et il fonce, projetant à droite et à gauche tout ce qui se trouve sur sa trajectoire. Zazie galope derrière.

— Tonton, qu'elle crie, on prend le métro ?

— Non.

— Comment ça, non ?

Elle s'est arrêtée. Gabriel stoppe également, se retourne, pose la valoche et se met à espliquer.

— Bin oui : non. Aujourd'hui, pas moyen. Y a grève.

— Y a grève ?

— Bin oui : y a grève. Le métro, ce moyen de transport éminemment parisien, s'est endormi sous terre, car les employés aux pinces perforantes ont cessé tout travail.

— Ah les salauds, s'écrie Zazie, ah les vaches. Me faire ça à moi.

— Y a pas qu'à toi qu'ils font ça, dit Gabriel parfaitement objectif.

— Jm'en fous. N'empêche que c'est à moi que ça arrive, moi qu'étais si heureuse, si contente et tout de m'aller voiturer dans lmétro. Sacrebleu, merde alors.

— Faut te faire une raison, dit Gabriel dont les propos se nuançaient parfois d'un thomisme légèrement kantien.

Et, passant sur le plan de la cosubjectivité, il ajouta :

— Et puis faut se grouiller : Charles attend.

— Oh ! celle-là je la connais, s'esclama Zazie furieuse, je l'ai lue dans les Mémoires du général Vermot.

— Mais non, dit Gabriel, mais non, Charles, c'est un pote et il a un tac. Je nous le sommes réservé à cause de la grève précisément, son tac. T'as compris ? En route.

Il ressaisit la valoche d'une main et de l'autre il entraîna Zazie.

Charles effectivement attendait en lisant dans

une feuille hebdomadaire la chronique des cœurs saignants. Il cherchait, et ça faisait des années qu'il cherchait, une entrelardée à laquelle il puisse faire don des quarante-cinq cerises de son printemps. Mais les celles qui, comme ça, dans cette gazette, se plaignaient, il les trouvait toujours soit trop dindes, soit trop tartes. Perfides ou sournoises. Il flairait la paille dans les poutrelles des lamentations et découvrait la vache en puissance dans la poupée la plus meurtrie.

— Bonjour, petite, dit-il à Zazie sans la regarder en rangeant soigneusement sa publication sous ses fesses.

— Il est rien moche son bahut, dit Zazie.

— Monte, dit Gabriel, et sois pas snob.

— Snob mon cul, dit Zazie.

— Elle est marrante, ta petite nièce, dit Charles qui pousse la seringue et fait tourner le moulin.

D'une main légère mais puissante, Gabriel envoie Zazie s'asseoir au fond du tac, puis il s'installe à côté d'elle.

Zazie proteste.

— Tu m'écrases, qu'elle hurle folle de rage.

— Ça promet, remarque succinctement Charles d'une voix paisible.

Il démarre.

On roule un peu, puis Gabriel montre le paysage d'un geste magnifique.

— Ah ! Paris, qu'il profère d'un ton encourageant, quelle belle ville. Regarde-moi ça si c'est beau.

— Je m'en fous, dit Zazie, moi ce que j'aurais voulu c'est aller dans le métro.

— Le métro ! beugle Gabriel, le métro !! mais le voilà !!!

Et, du doigt, il désigne quelque chose en l'air.

Zazie fronce le sourcil. Essméfie.

— Le métro ? qu'elle répète. Le métro, ajoute-t-elle avec mépris, le métro, c'est sous terre, le métro. Non mais.

— Çui-là, dit Gabriel, c'est l'aérien.

— Alors, c'est pas le métro.

— Je vais t'esspliquer, dit Gabriel. Quelquefois, il sort de terre et ensuite il y rerentre.

— Des histoires.

Gabriel se sent impuissant (geste), puis, désireux de changer de conversation, il désigne de nouveau quelque chose sur leur chemin.

— Et ça ! mugit-il, regarde !! le Panthéon !!!

— Qu'est-ce qu'il faut pas entendre, dit Charles sans se retourner.

Il conduisait lentement pour que la petite puisse voir les curiosités et s'instruise par-dessus le marché.

— C'est peut-être pas le Panthéon ? demande Gabriel.

Il y a quelque chose de narquois dans sa question.

— Non, dit Charles avec force. Non, non et non, c'est pas le Panthéon.

— Et qu'est-ce que ça serait alors d'après toi ?

La narquoiserie du ton devient presque offensante pour l'interlocuteur qui, d'ailleurs, s'empresse d'avouer sa défaite.

— J'en sais rien, dit Charles.

— Là. Tu vois.

— Mais c'est pas le Panthéon.

C'est que c'est un ostiné, Charles, malgré tout.

— On va demander à un passant, propose Gabriel.

— Les passants, réplique Charles, c'est tous des cons.

— C'est bien vrai, dit Zazie avec sérénité.

Gabriel n'insiste pas. Il découvre un nouveau sujet d'enthousiasme.

— Et ça, s'exclame-t-il, ça c'est...

Mais il a la parole coupée par une euréquation de son beau-frère.

— J'ai trouvé, hurle celui-ci. Le truc qu'on vient de voir, c'était pas le Panthéon bien sûr, c'était la gare de Lyon.

— Peut-être, dit Gabriel avec désinvolture, mais maintenant c'est du passé, n'en parlons plus, tandis que ça, petite, regarde-moi ça si c'est chouette comme architecture, c'est les Invalides...

— T'es tombé sur la tête, dit Charles, ça n'a rien à voir avec les Invalides.

— Eh bien, dit Gabriel, si c'est pas les Invalides, apprends-nous cexé.

— Je sais pas trop, dit Charles, mais c'est tout au plus la caserne de Reuilly.

— Vous, dit Zazie avec indulgence, vous êtes tous les deux des ptits marrants.

— Zazie, déclare Gabriel en prenant un air majestueux trouvé sans peine dans son répertoire, si ça te plaît de voir vraiment les Invalides et le tombeau véritable du vrai Napoléon, je t'y conduirai.

— Napoléon mon cul, réplique Zazie. Il m'intéresse pas du tout, cet enflé, avec son chapeau à la con.

— Qu'est-ce qui t'intéresse alors ?

Zazie répond pas.

— Oui, dit Charles avec une gentillesse inatten-due, qu'est-ce qui t'intéresse ?

— Le métro.

INGRID ASTIER

Quai des enfers

C'était le 18 décembre depuis peu. Une semaine durant, il avait plu sur Paris. Avec la vitesse, les gouttes glacées giflaient méchamment le visage. Sur les quatre hommes de l'équipage nocturne, deux portaient une cagoule de soie qui leur donnait l'air de braqueurs. Les quais se dévidaient. Dans la nuit, les tours jumelles de la Conciergerie érigeaient leurs fantômes. Deux pieux de pierre éventrant le ciel. L'image de la justice, à une heure du matin, était plutôt sombre.

Le matin, les rôles avaient été répartis, interchangeables : Phil avait été désigné chef d'intervention, Steph pilote, Hervé plongeur, et Rémi secouriste. Le quai du Louvre annonçait le pont du Carrousel. Quelques scooters couchés sur le flanc finissaient leur vie au pied des anneaux.

« Hé ! les mecs, vous saviez que les lampadaires du pont du Carrousel avaient un mât télescopique ? »

Rémi parlait peu, habitude qui lui était restée des conversations avec son père, qui pouvait passer un repas sans laisser à l'autre l'éclaircie d'une question. Il avait appris à vivre dans les arrière-cours des mots. Avec le bruit de fond, personne ne l'avait entendu.

La voix de Phil claironnait :

« Rémi, on t'a déjà dit que si tu parlais aux vagues, faudrait t'entendre avec les poissons. »

Rémi baissa les yeux.

« Je parlais des mâts télescopiques du Carrousel, qui sortent leur tête la nuit...

— Le jour où t'auras trop peur des silures, tu pourras toujours faire guide touristique, Rémi. Là-dessus, y a pas rat dans la demeure. »

Rémi ne répondit pas. Il n'avait pas besoin des autres pour nourrir son imaginaire. Détournant le regard du groupe, il observa les candélabres et se sentit bien, veillé par ces phares, nés de l'esprit fou du sculpteur Raymond Subes. À la tombée du jour, ils s'élevaient de dix mètres. Les Parisiens avaient oublié Raymond Subes, mais Rémi, lui, se sentait le gardien de la Seine, sa mémoire vive. Pas un détail ne lui échappait, des mascarons du viaduc d'Austerlitz aux massives têtes de bœuf de ses piles, au zouave du pont de l'Alma, les pieds enfoncés dans l'eau, qui donnait le niveau de la Seine. C'était son territoire. Il était fier de ne pas sillonner l'eau en aveugle et se moquait qu'on saborde ses connaissances. *Cool Raoul*... Rémi avait l'habitude de ne parler que pour lui et, s'il le fallait, il était spectateur pour deux.

Le canot pneumatique enfila les ponts et les noms se déroulèrent dans l'esprit du jeune homme. Inconsciemment, ils levèrent des souvenirs comme l'on ouvre en grattant de l'ongle, enfant, les lucarnes cartonnées d'un calendrier de l'Avent. Mais un calendrier de l'Avent maléfique, dévoilant le cabinet des horreurs. Pont Royal, pont de la Concorde, pont Alexandre-III, pont des Invalides, pont de l'Alma, passerelle Debilly, pont d'Iéna, pont de Bir-Hakeim, pont de Rouelle, pont de Grenelle, pont Mirabeau, jusqu'au pont du Garigliano, à l'ouest de Paris...

Les souvenirs remontèrent un à un à la surface : là, une noyée qui ne s'était laissé aucune chance, le sac à dos plombé de poids de plongée ; ici, la recherche d'un 357 Magnum qu'un malfrat aurait jeté ; plus loin, la découverte laborieuse, dans les tréfonds de la vase – qu'il remuait comme les strates boueuses de la mémoire –, d'un bocal vaudou renfermant les tripailles d'un inconnu mêlées à un capharnaüm infernal : épingles, miel, sang séché, bout d'étoffe et mèche de cheveux bouclés. La Seine charriait les secrets de ceux qui avaient voulu noyer leur chagrin. Et eux, ils devaient faire parler ces secrets. Quitte à affronter leurs propres démons.

La pluie redoublait, les visages rivalisaient de grimaces avec les gargouilles de Notre-Dame. Au niveau du port d'Auteuil, ils virèrent bord pour bord. La ronde de nuit n'était pas une croisière, la Seine suintait, fleuve de pétrole qui poissait l'âme.

« Putain de temps ! »

Fidèle à lui-même, Phil faisait dans l'art oratoire. Longeant les péniches, les policiers guettaient les ombres agitées. Mais les ombres restaient muettes. La longue Maglite noire créait d'éphémères lunes rousses, se baladant sur les péniches. À 1 h 30 du matin, l'équipage de la Brigade fluviale aurait pu se croire abandonné des dieux.

« Qui sont les seuls pingouins à se geler les os ? Je crois que je vais me fâcher contre la pluie si elle ne fait que glacer mes doigts de pied ! »

Steph frappait ses mains l'une contre l'autre, comme pour exorciser l'engourdissement. On aurait dit le dernier skieur de la journée en train d'applaudir de froid, coincé sur un télésiège. Il lançait un regard évident à Hervé, le pilote.

« Je crois surtout qu'on va rentrer à la base, y a pas un Parisien pour tâter du froid ce soir, à part nous. Allez les gars, au sec ! »

Hervé avait lancé la parole sage, celle qui mettait tout le monde d'accord.

« Non mais, on n'est pas payé pour surveiller les mouettes ! »

De se savoir sur le retour, Phil se sentait déjà réchauffé.

Avec la vitesse, Paris avait des allures de fête foraine. Des lumières blanches, jaunes, bleues et rouges zébraient les quais, campant un autre monde : celui de la ville. Car sur la Seine, les policiers de la Brigade fluviale appartenaient à un royaume à part. Un royaume flottant. Quand ils remontaient le fleuve la nuit, ces hommes se savaient explorateurs modernes, chanceux de jeter sur la ville un regard vierge.

Ils connaissaient Paris comme personne – dans ses profondeurs – et scrutaient son sang. Plus secret que les ruelles insoupçonnées, plus intime que les vagins des immeubles. La Seine emportait les histoires les plus tues, les plus sordides, charriait le tourisme et la mort. Les policiers, penchés sur ses pulsations, ressentaient son rythme, son humeur. Pour l'instant, tous communiaient en un vœu : ne pas avoir à plonger. L'eau ne dépassait pas 6 °C. De quoi redouter le corps-à-corps.

FRÉDÉRIC CIRIEZ

Mélo

On remonte le boulevard Barbès encombré comme toujours, surtout le samedi soir. Le Maghreb et l'Afrique sur les trottoirs me font une haie d'honneur éthylique. C'est dommage qu'on parte si tard, j'aurais aimé frimer chez les élégants du Old Paris à Montmartre, mais bon, je ne suis pas non plus une carte postale.

Château-Rouge : des membres de mon peuple papillonnent autour du métro, mais la moitié, c'est de la viande saoule qui a besoin d'une boussole pour rentrer à la maison. Taxi ! Taxi ! Des petits rigolos nous hèlent comme un vulgaire chariot. En rêve, mon ami, tu rouleras en Rolls en rêve, mais ce soir, tu rentres à pied. Nous sommes une tache de beauté sur le boulevard qui dégouline de lumière et d'immeubles épouvantables. Nous dévalons comme une comète lente les intestins en feu de la plus belle ville planétaire. C'est moi le maître. Je mentirais si je n'avouais pas que l'émotion m'inonde quand voici Barbès et son coulis de minables qui vendent des téléphones et des Marlboro d'occasion. J'allume une Dunhill et songe à Anastasia qui n'est plus là. Je fume avec luxe, en faisant bien attention de ne pas brûler le cuir des sièges. Le Mazarin me voit. Je le surprends à son tour avec une cigarette. Je lui dis gentiment que je préférerais qu'il ne fume pas à cause de la caution qui plane sur la Rolls, et puis il aura toute la nuit pour jouer à l'homme sous mon ombrelle.

Boulevard Rochechouart. L'Élysée-Montmartre, le Trianon, la Cigale... Dommage que les salles de concert soient fâcheusement fermées à bientôt 1 heure quand les Sapeurs sont de sortie, on m'aurait acclamé comme la vedette à l'affiche. Mon public, à l'instant, ce sont les vieillards à la vitre de leur bus grand tourisme. C'est nice Paris, n'est-ce pas ? T'as même des Noirs en croco qui veillent à l'arrière des Rolls. Oui, oui, une petite photo de Parfait Ray-Ban sur les yeux et gueule ouverte, prêt à croquer, sehr schön, very nice, bellissimo, vous raconterez ça à la famille à Dortmund dès lundi, ja ja ja : « On a vu le Sapeur phosphorescent qui fait la promotion des Rolls du futur ! Ses yeux étaient verts, sa veste était verte, ses jambes et son torse étaient jaunes ! Il se mouvait avec grâce dans les marécages des boulevards ! Il était encore plus beau que sa voiture, aux côtés de son chauffeur et de son valet ! » Mais oui, chers spectateurs, vous avez philosophiquement raison : Parfait n'est pas une ordure, c'est en toute humilité un artiste... live. Compris ?

Place Pigalle. Il ne faudrait pas que les policiers français me prennent pour un maquereau alors que seuls mes vêtements tapinent. Mais je parie avec sérénité sur la clairvoyance esthétique des forces de l'ordre. Les néons des sex-shops et des théâtres érotiques projettent leurs promesses sur la carrosserie de la Rolls et les vêtements de son équipage. Mais je n'ai pas besoin de sexe cette nuit, je suis le sexe de la fringue. Nous suivons le boulevard de Clichy en passant devant les établissements de petite vertu. Je pense encore à Anastasia. D'où venait-elle ? De quel pays ? De quelle langue ? De quel trottoir ? Où les Chinois ont-ils volé son image ? Quel âge avait-elle quand la photo a été prise ? Quel âge a-t-elle aujourd'hui ? A-t-elle des petits à Moscou ? Vit-elle avec un homme de la mafia habillé comme un orang-outan ? S'ennuie-t-elle avec lui ? Nous serions-nous entendus si l'on s'était rencontrés dans la vraie vie, malgré mon renoncement définitif aux femmes et ma mystique du beau linge ? Je ne sais… En tout état de cause, on ignore ce que la vie nous réserve à nous, êtres d'exception éparpillés aux quatre coins du monde. La ville crie. Le moteur semble éteint et pourtant la voiture roule. Honoré et le Mazarin sont plongés dans leur avant-match. Je n'ai pas envie de leur parler. Était-elle douce ? Avait-elle la même lumière de peau à toutes les heures de la journée ? Le même sourire de faon ? Soudain mon portable tremble dans ma poche, tout le monde doit me trouver tardif. Je lis : PARFAIT GUIGNOL TU AS PEUR DE VENIR COMBATTRE TU DORS CHEZ TOI COMME UNE PELUCHE TU ES UN LÂCHE.

Parce qu'on croit qu'à ce stade de la compétition on va m'intimider ? Quel courage ! Mon rire éclate à tue-tête. Honoré me regarde dans le rétro ; le profil de Frédéric le Mazarin pivote dans ma direction.

Je tripote le rouge à lèvres, passe un doigt sur le grain de beauté. Des spasmes d'images bavent sur ma main. Ce sont les derniers soupirs de vie d'une femme. Elle se bat, essaie de revenir, mais souffre beaucoup. Je repasse mon doigt sur le grain de beauté. Je la vois sans jambes… Puis elle disparaît. Je passe encore mon doigt sur le grain de beauté. Je la vois sans bras, pâle comme la mort dans un cercueil violet… Puis elle a disparu. Je caresse de nouveau le petit bouton. Anastasia ! Anastasia ! Anastasia est revenue, rayonnante mais sans cou ! Puis plus rien. Reviens, Anastasia. S'il te plaît. Je presse le grain de beauté. Une fois, deux fois, trois fois. Je vois soudain le médaillon violet où elle vit seule, un ovale de lumière effrayant qui me fait penser à une tombe vide. Elle aussi s'efface. Je recommence. Oh, Anastasia ! Anastasia ! Elle est soudain là, entière, aimante, nue, ressuscitée comme Christ, avec ses petites mitaines et son chapeau d'hiver sur ses cheveux d'or et elle me regarde, oh oui, elle me regarde… Puis plus rien. C'est fini. J'ai beau passer et repasser mon doigt sur le grain de beauté, ma petite Russe ne reviendra plus. Anastasia… Notre dernière fois aura été un samedi soir place de Clichy. Je t'aurai vue heureuse, désarmée, innocente comme l'agneau. Puis j'ai une idée qui me drogue brutalement : et si je rachetais un autre briquet ou même plusieurs aux Chinoises des rues, peut-être que je retrouverais Anastasia et qu'elle pourrait passer plus de temps avec moi ? Oui, dès demain je retournerai là-bas et j'essaierai tous les briquets de toutes les Chinoises

et j'achèterai tous ceux qui cachent l'image d'Anastasia et s'il le faut j'en achèterai un stock entier et
même je retrouverai la petite en patins à roulettes
qui m'a vendu Anastasia pour lui acheter tout
son lot et lui demander où se trouve l'usine qui
fabrique des millions d'Anastasia ! Je regarde le
rouge à lèvres entre mes mains, pose tout à coup
mes lèvres dessus. Anastasia, on se retrouvera.

Place de Clichy. Embouteillage de phares et de
klaxons en colère à 1 h 27. J'aperçois deux coupés
Mercedes et Jaguar qui surclassent un poulail-
ler de Seat, Renault, Peugeot et autres carrioles
– mais aucune Rolls, le char princier, c'est moi.
On se considère entre élégants. J'aime bien l'endroit, mais j'ai peur qu'on abîme la voiture. J'en
avertis Honoré. Il n'est pas inquiet, mais moi je
n'aime pas cela du tout, l'endroit ressemble à une
piste d'autos-tampons paranoïaques. Nous parti-
cipons au manège général avant de nous libérer
sains et saufs direction Batignolles. Je saisis tout
à coup mon téléphone, éprouve un besoin pres-
sant d'appeler mon ami le Lorientais. Qu'est-ce
qui ne va pas dans sa tête, au Blanc ? Je tombe sur
son répondeur. Sa voix égale dit : « Laissez donc
un message. » Je ne me fais pas prier : « Salut
le Lorientais, qu'est-ce que tu fous ? Je pars à la
fête, rappelle vite, je passe te prendre avec ma
nouvelle voiture. » Il aurait dû me téléphoner
en début de soirée. Même pour me dire qu'il ne
voulait pas sortir pour être en forme au cortège
de demain puisque ça c'est sûr, il ira. Ou alors
il se cache. Ah oui, il fait le mort pour ne pas
avoir à se justifier face à un oiseau de nuit qu'il

craint de suivre jusqu'au petit matin… Ou alors il a peur de mal saper avec ses petits costumes à pas cher… Ou peut-être qu'il a eu un problème avec sa voiture qui ne vaut plus un clou et rumine sa rage… En début d'année, sa pompe à eau l'a lâché dans le nord de la France, il s'est fait escroquer par un garagiste. Il n'est pas assez méchant. Il ferait mieux de venir mordre avec un crocodile comme moi plutôt que de regarder la vie à la télé. Et puis c'est Frédéric le Mazarin qui se tourne et me demande sans autorisation : « Des soucis ? »

Place de l'Étoile. Je suis ivre de bonheur. Je me tiens droit pour apparaître le plus gentleman possible, comme si j'étais le centre du monde lors d'un défilé suivi par toute la planète. Nous tournons autour de l'Arc de triomphe. C'est tout à fait remarquable, une cravate de lumière qui orne le cou du très célèbre monument. Autant la place de Clichy me faisait peur autant l'Étoile se montre relax, avec certes plus d'agressivité dans la conduite mais également une marge de manœuvre supérieure pour circuler avec vélocité et standing. La vraie majesté, c'est ici, une pagaille organisée alors que je souris à deux jolies demoiselles qui me contemplent depuis le balcon de leur Honda Civic. Je hoche la tête dans leur direction sans desserrer les lèvres en signe de gratitude. Leurs yeux brillent. Elles doivent se demander à quel célèbre inconnu elles ont affaire, mais tournent brusquement vers l'avenue Foch et ne le sauront jamais. Adieu mesdames, c'était Parfait de Paris, en représentation exceptionnelle de sept secondes.

Pour graver l'événement dans le marbre numé-
rique je prends mon i-Phone et l'utilise en fonc-
tion caméra. Je commence par passer l'objectif sur
ma personne sans sentiment, puis sur le Mazarin qui a l'air de bouder, le coude au-dehors et
le visage dans la paume de la main, comme un
penseur. Pour qu'il ne se décourage pas – c'est un
Français, je dois le ménager –, je lui demande de
prendre l'ombrelle et de l'ouvrir devant l'appareil,
comme ça le public sur YouTube comprendra tout
de suite qu'il est mon boy. Puis je filme Honoré de
profil, ses lunettes Panthère YSL sont formidables,
avant d'enregistrer ses mitaines de cuir noir sur
le volant en acajou et le tableau de bord illuminé.
La caméra embarquée suit ce qui se passe sur la
place de l'Étoile et revient dans la Rolls, caresse le
cuir blanc des sièges et filme toutes les bagues sur
mes doigts. Nous allons emprunter les Champs-
Élysées. Loin est le temps où les Sapeurs sans
moyens s'y prenaient en photo et envoyaient par
la poste leur trésor Kodak au pays.

Nous descendons la plus belle avenue du monde
à 40 km/h sur la file de gauche. Le Mazarin tient
au-dessus de ma tête l'ombrelle blanche déployée.
Si j'en avais le pouvoir policier, je dégagerais
toutes ces voitures pour parader seul, comme
un 14-Juillet de grâce. Il ne pleut pas et c'est un
faste délicieux que d'avoir au-dessus des cheveux
quelque chose qui ne sert à rien. De temps en
temps j'arrête ma pavane et prends des souvenirs
de l'événement avec mon téléphone portable.
Devant moi l'avenue est droite et simple comme

la vie jusqu'à la Concorde, avec la grande roue qui tourne à l'horizon et un déluge de phares qui montent et descendent en m'illuminant. Le vent automobile me rafraîchit. Une méduse de dentelle flotte au-dessus de moi. Je suis heureux. À quoi pense l'enfant-apôtre à l'autre bout de la Rolls ? Aux pièges de sa mission ? J'évite de lancer la conversation, mais il doit assurément se dire qu'il a de la chance de frimer à mes côtés au lieu d'être au cinéma avec sa petite copine. Peut-être qu'il se rendra compte dans seulement très longtemps de sa bonne étoile et que son nez se souviendra alors de la nuit parfumée qui plane autour de nous et que ses yeux se souviendront du public d'arbres qui nous salue le long des magasins très chers et que son cœur se souviendra de la confiance que je lui accorde alors qu'il n'est rien.

Nous arrivons place de la Concorde et tournons autour de l'Obélisque. Je crois que j'ai rejoint le monde des images. Il est temps d'aller à la fête.

VALERY LARBAUD

Paris de France

Et puis, on sort de la cabine, on retrouve sa rue, son quartier, on rencontre un ami, et la vie reprend tout son intérêt, et nous sentons que nous ne sommes pas résignés, mais qu'à n'importe quel moment nous pourrons repartir et même pour une ville que nous ne connaissons pas encore. Et en attendant, nous allons nous redonner tout entiers au courant de notre vie parisienne, reprendre nos habitudes de Paris, comme si nous revenions d'Enghien ou de Bourg-la-Reine et comme si nous n'avions pas du tout l'intention de repartir dans trois mois.

Mais si le retour a lieu au commencement de l'été, quand les arbres sont en feuilles, – le tendre vert en guirlandes au loin et partout sur le gris tendre, – la traversée de la gare à la maison aura suffi pour nous réconcilier avec notre destin, et nous ne serons plus aussi pressés de revoir un ami. Paris retrouvé sera notre ami. Nous aurons même le courage de n'annoncer à personne que nous sommes rentrés et, en évitant les lieux publics où nous pourrions être reconnus, nous nous paierons une semaine de solitude à Paris ; c'est-à-dire, en somme, un voyage d'une semaine dans Paris, puisque pour la plupart d'entre nous le nom de notre ville signifie l'ensemble de nos préoccupations, de nos travaux, de nos relations sociales, et notre vie même, plutôt que notre ville considérée comme extérieure à nous, et puisque cette familiarité et ce mélange de nous et de notre ville nous a rendus à peu près inconscients du détail de son paysage, à tel point qu'il nous serait très difficile de faire une description satisfaisante de la place de la Concorde, par exemple, ou du boulevard Rochechouart. Eh bien ! cette semaine de solitude et de tête-à-tête avec Paris, au retour d'une longue absence, voilà l'occasion de prendre connaissance des régions de Paris que nous connaissons mal, qui n'ont figuré que fugitivement, ou pas du tout, dans notre existence. Mieux encore : nous nous tracerons le programme d'un voyage dans Paris. Nous considérerons chaque arrondissement comme un État indépendant, ou comme une fédération de quartiers. Nous irons nous y loger, à l'hôtel, et visiterons minutieusement et méthodiquement « le pays ». Il y a bien des années nous nous sommes amusés, – et notre compagnon de jeu l'a raconté[1], – à faire, au mois d'août, une saison de vingt et un jours aux Champs-Élysées considérés comme station thermale : s'y faire conduire, en fiacre, de bonne heure, et y rester jusqu'à minuit sans être sorti de limites bien définies ; quart d'Évian à huit heures du matin, petit déjeuner à neuf heures, promenade, lecture, et,

---

1. Raymond Meunier, dans *la Liberté*, août 1923.

dans l'après-midi, toutes les distractions et toutes les ressources que peut offrir ce coin de Paris. Nous n'avons pas fait une saison complète, mais pendant les quelques jours où nous avons fait sérieusement (si j'ose dire) notre cure, nous avons appris à connaître à fond les Champs-Élysées de ce temps-là. Pourquoi donc n'appliquerions-nous pas la même méthode d'investigation à d'autres régions de Paris ? Seul ou avec un seul ami. Cure d'air sur les flancs de la montagne Sainte-Geneviève ; exploration de la plaine Monceau ; voyage dans la seigneurie d'Auteuil ; grand tour du parc Montsouris en une semaine distribuée entre la partie Savoie, la région tunisienne, et le coin de Petite-Russie (avec une gare du chemin de fer de Sceaux, très gouvernement de Toula) que ce parc admirable contient ; aller comprendre l'Allemagne romantique près des ruines du parc Monceau, etc. De ces excursions, si elles étaient faites avec soin et sincérité, on rapporterait de petits livres intitulés : *Une lune de miel dans la Suisse italienne des Buttes-Chaumont* ; *Mes escales (canal Saint-Martin, Bassin de la Villette, canal de l'Ourcq)* ; *Le Bassin du Luxembourg (essai de limnogie et d'ethnographie enfantine)* ; *Les Robinsons de l'île des Cygnes*[1] ; *Notes et Souvenirs d'un voyage à Popincourt*, etc. Entre les mains d'un écrivain de talent, un de ces sujets pourrait donner un livre de la même lignée que le *Voyage autour de ma*

---

1. L'île (ou allée) des Cygnes fait partie du territoire du XVᵉ arrondissement. En ma qualité de vieil habitant du XVIᵉ, je tiens à protester ici contre cet état de choses. L'île des Cygnes doit faire retour à Passy ; cela est trop évident.

chambre. Et cela finirait par retenir l'attention de nos éducateurs, et on verrait s'établir des chaires de parisianité à l'usage des étrangers, des provinciaux et même des habitants de Paris qui croient connaître leur ville. Voici, par exemple, quelles seraient les questions posées à un examen pour l'obtention du brevet élémentaire de parisianité :

Partie écrite.

1. Dressez la liste des rues et passages de Paris qui sont encore éclairés à l'huile. Indiquez les arrondissements où ils se trouvent. Décrivez-en deux, à votre choix.

II. Quels sont les hôtels, châteaux, fermes et auberges du XVIIIe siècle actuellement subsistant sur le territoire du XXe arrondissement ?

III. Énumérez et décrivez les impasses qui se trouvent dans l'île Saint-Louis.

Partie orale.

1. Dans quelles églises se trouvent les pierres tombales de Descartes, de Racine et de Mlle de Scudéry ?

2. Tracez au tableau noir, en indiquant et nommant les portes, la figure de l'enceinte des Fermiers Généraux depuis la rive droite de la Seine à l'ouest jusqu'au boulevard de Belleville.

3. La rue de la Py, dans quel arrondissement ? Y a-t-il une rue de Paris dont le nom principal est plus court ?

4. Où voit-on le buste de Goldoni ?

5. Quelle est, en dehors de l'ambassade d'Angle-terre, la maison de Paris juridiquement située en territoire britannique ? Quelle rue, quel numéro, quelles particularités ?

6. Le plus court itinéraire du Rat Mort au musée Carnavalet ? Si vous trouvez Carnavalet fermé et que vous désiriez voir, en attendant l'ouverture, un beau figuier, où allez-vous ?

À vrai dire, le brevet élémentaire de parisianité ne servirait pas à grand'chose, matériellement. Et du reste, on pourrait être refusé à cet examen et n'en être pas moins parisien, et même grand pari-sien, un de ces Parisiens, – la plupart nés en pro-vince, – dont les noms sont connus à New-York, à Varsovie et à Tokio. Mais l'existence de ces cours et de ces examens nous rendrait plus sensible la réalité physique de notre ville et nous la ferait aimer davantage, plus consciemment, avec plus d'attention. Une connaissance un peu approfondie de son histoire permettrait, à ceux qui ne peuvent ou ne veulent pas en sortir, de la voir avec ce recul qui en donne une vision plus nette et plus vraie à ceux qui ont vu et se sont familiarisés avec d'autres capitales, et de distinguer ainsi sa personnalité, de comprendre qu'elle n'est pas unique, exception-nelle et comme étrangère en France (beaucoup d'étrangers doivent la voir ainsi), mais qu'elle est une ville du centre et du nord de la France qui a su assimiler la grande tradition urbaine de l'Italie. Une ville qui est l'ouvrage du génie de l'Île-de-France allié au génie des plus vieilles terres romaines. Tout ce qui en elle est sérieux, modeste, naïf et gracieux, est purement français et l'œuvre de l'Île-de-France ; tout ce qu'elle a de grandiose et de royal est franco-italien et l'œuvre de nos reines italiennes, en collaboration avec nos rois français, de nos empereurs d'origine italienne et d'éducation française. Elle est l'aboutissement et la figure suprême de la civilisation gallo-romaine, une ville impériale qui rassemble, en les amplifiant, Rome, Ravenne, Milan et Lyon ; une ville dont les paysages et les perspectives s'inscrivent naturellement dans le cercle de bronze des médailles ; une ville qui n'est pas seulement la première ville de France, mais la capitale de l'Empire d'Occident.

ERNEST HEMINGWAY

Paris est une fête

Quand nous rentrâmes à Paris, le temps était sec et froid et délicieux. La ville s'était adaptée à l'hiver, il y avait du bon bois en vente chez le marchand de bois et de charbon, de l'autre côté de la rue, et il y avait des braseros à la terrasse de beaucoup de bons cafés pour tenir les consommateurs au chaud. Notre propre appartement était chaud et gai. Dans la cheminée nous brûlions des *boulets*, faits de poussière de charbon agglomérée et moulée en forme d'œufs, et dans les rues la lumière hivernale était merveilleuse. On s'habituait à voir se détacher les arbres dépouillés sur le fond du ciel, et l'on marchait sur le gravier fraîchement lavé, dans les allées du Luxembourg, sous le vent sec et coupant. Pour qui s'était réconcilié avec ce spectacle, les arbres sans feuilles ressemblaient à autant de sculptures, et les vents d'hiver soufflaient sur la surface des bassins et les fontaines soufflaient leurs jets d'eau dans la lumière brillante. Toutes les distances nous paraissaient courtes, à notre retour de la montagne.

À cause du changement d'altitude, je ne me rendais plus compte de la pente des collines, sinon pour prendre plaisir à l'ascension, et j'avais même plaisir à grimper jusqu'au dernier étage de l'hôtel, où je travaillais dans une chambre qui avait vue sur tous les toits et les cheminées de la haute colline de mon quartier. La cheminée tirait bien dans la chambre, où il faisait chaud et où je travaillais agréablement. J'apportais des mandarines et des marrons grillés dans des sacs en papier et j'épluchais et mangeais de petites oranges semblables à des mandarines et jetais leurs écorces et crachais les pépins dans le feu tout en les mangeant, ainsi que les marrons grillés, quand j'avais faim. J'avais toujours faim à cause de la marche et du froid et du travail. Là-haut, dans la chambre, j'avais une bouteille de kirsch que nous avions rapportée de la montagne et je buvais une rasade de kirsch quand j'arrivais à la conclusion d'un conte ou vers la fin d'une journée de travail. Quand j'avais achevé le travail de la journée, je rangeais mon cahier ou mes papiers dans le tiroir de la table et fourrais dans mes poches les oranges qui restaient. Elles auraient gelé si je les avais laissées dans la chambre pendant la nuit.

C'était merveilleux de descendre l'interminable escalier en pensant que j'avais eu de la chance dans mon travail. Je travaillais toujours jusqu'au moment où j'avais entièrement achevé un passage et m'arrêtais quand j'avais trouvé la suite. Ainsi, j'étais sûr de pouvoir poursuivre le lendemain. Mais parfois, quand je commençais un nouveau récit et ne pouvais le mettre en train, je m'asseyais devant le feu et pressais la pelure d'une des petites oranges au-dessus de la flamme et contemplais son crépitement bleu. Ou bien je me levais et regardais les toits de Paris et pensais : « Ne t'en fais pas. Tu as toujours écrit jusqu'à présent, et tu continueras. Ce qu'il faut c'est écrire une seule phrase vraie. Écris la phrase la plus vraie que tu connaisses. » Ainsi, finalement, j'écrivais une phrase vraie et continuais à partir de là. C'était facile parce qu'il y avait toujours quelque phrase vraie que j'avais lue ou entendue ou que je connaissais. Si je commençais à écrire avec art, ou comme quelqu'un qui annonce ou présente quelque chose, je constatais que je pouvais aussi bien déchirer cette fioriture ou cette arabesque et la jeter au panier et commencer par la première affirmation simple et vraie qui était venue sous ma plume. Là-haut, dans ma chambre, je décidai que j'écrirais une histoire sur chacun des sujets que je connaissais. Je tâchai de m'en tenir là pendant tout le temps que je passais à écrire et c'était une discipline sévère et utile.

C'est dans cette chambre que j'appris à ne pas penser à mon récit entre le moment où je cessais d'écrire et le moment où je me remettais au travail, le lendemain. Ainsi, mon subconscient était à l'œuvre et en même temps je pouvais écouter les gens et tout voir, du moins je l'espérais ; je m'instruirais, de la sorte ; et je lirais aussi afin de ne pas penser à mon œuvre au point de devenir incapable de l'écrire. En descendant l'escalier, quand j'avais bien travaillé, aidé par la chance autant que par ma discipline, je me sentais merveilleusement bien et j'étais libre de me promener n'importe où dans Paris.

Si je descendais, par des rues toujours différentes, vers le jardin du Luxembourg, l'après-midi, je pouvais marcher dans les allées, et ensuite entrer au musée du Luxembourg où se trouvaient des tableaux dont la plupart ont été transférés au Louvre ou au Jeu de Paume. J'y allais presque tous les jours pour les Cézanne et pour voir les Manet et les Monet et les autres Impressionnistes que j'avais découverts pour la première fois à l'Institut artistique de Chicago. Les tableaux de Cézanne m'apprenaient qu'il ne me suffirait pas d'écrire des phrases simples et vraies pour que mes œuvres acquièrent la dimension que je tentais de leur donner. J'apprenais beaucoup de choses en contemplant les Cézanne mais je ne savais pas m'exprimer assez bien pour l'expliquer à quelqu'un. En outre, c'était un secret. Mais s'il n'y avait pas assez de lumière au Luxembourg, je traversais le jardin et gagnais le studio où vivait Gertrude Stein, 27, rue de Fleurus.

Réminiscences
de lieux parisiens

Ne pouvoir se passer de Paris, marque de
bêtise ; ne plus l'aimer signe de décadence.

FLAUBERT
Notes de voyage

PATRICK MODIANO

Quartier perdu

En ce temps-là, Paris était une ville qui corres-
pondait à mes battements de cœur. Ma vie ne
pouvait s'inscrire autre part que dans ses rues. Il
me suffisait de me promener tout seul, au hasard,
dans Paris et j'étais heureux.

[...]

Boulevard Diderot. Pont d'Austerlitz. Il était neuf
heures du matin. J'ai baissé la vitre. Une bouffée
d'air doux au parfum de feuillage et de poussière
a pénétré dans la voiture.

Le chauffeur conduisait d'une manière noncha-
lante, en tenant le volant d'une seule main. L'autre
chauffeur nous suivait de si près que souvent les
deux automobiles étaient pare-chocs contre pare-
chocs.

Nous avions pris les quais et longions les grilles
du jardin des Plantes. À quelques centaines de
mètres, vers l'intérieur, s'élevait le dôme de l'hôpi-
tal du Val de Grâce, où, cet automne, on m'avait
gardé trois mois avant de me délivrer pour toujours de mes obligations militaires. Sept ans de
collèges, six mois de caserne et trois mois de Val
de Grâce. Maintenant, personne ne pourrait plus

jamais m'enfermer quelque part. Personne. La vie commençait pour moi. J'ai baissé complètement la vitre de la portière et j'ai appuyé mon coude, au rebord. Les platanes étaient déjà verts le long du quai, et nous passions sous la voûte de leurs feuillages.

La circulation était fluide et l'automobile glissait sans que j'entende le bruit du moteur. La radio marchait en sourdine et je me souviens qu'au moment où nous arrivions au pont de la Concorde, un orchestre jouait la musique d'*Avril au Portugal*. J'avais envie de siffler l'air. Paris, sous ce soleil de printemps, me semblait une ville neuve où je pénétrais pour la première fois, et le quai d'Orsay, après les Invalides, avait, ce matin-là, un charme de Méditerranée et de vacances. Oui, nous suivions la Croisette ou la Promenade des Anglais.

Tour

1910
Castellamare
Je dînais d'une orange à l'ombre d'un oranger
Quand, tout à coup...
Ce n'était pas l'éruption du Vésuve
Ce n'était pas le nuage de sauterelles, une des dix
   plaies d'Égypte
Ni Pompéi
Ce n'était pas les cris ressuscités des mastodontes
   géants
Ce n'était pas la trompette annoncée
Ni la grenouille de Pierre Brisset
Quand, tout à coup,
Feux
Chocs
Rebondissements
Étincelle des horizons simultanés
Mon sexe
          Ô Tour Eiffel !
Je ne t'ai pas chaussée d'or
Je ne t'ai pas fait danser sur les dalles de cristal
Je ne t'ai pas vouée au Python comme une vierge
   de Carthage

Je ne t'ai pas revêtue du péplum de la Grèce
Je ne t'ai jamais fait divaguer dans l'enceinte des
    menhirs
Je ne t'ai pas nommée Tige de David ni Bois de la
    Croix
Lignum Crucis
            Ô Tour Eiffel
Feu d'artifice géant de l'Exposition Universelle !
Sur le Gange
À Bénarès
Parmi les toupies onanistes des temples hindous
Et les cris colorés des multitudes de l'Orient
Tu te penches, gracieux palmier !
C'est toi qui à l'époque légendaire du peuple hébreu
Confondis la langue des hommes
Ô Babel !
Et quelque mille ans plus tard, c'est toi qui retom-
    bais en langues de feu
Sur les Apôtres rassemblés dans ton église
En pleine mer tu es un mât
Et au Pôle Nord
Tu resplendis avec toute la magnificence de l'aurore
    boréale de ta télégraphie sans fil
Les lianes s'enchevêtrent aux eucalyptus
Et tu flottes, vieux tronc, sur le Mississippi
Quand
Ta gueule s'ouvre
Et un caïman saisit la cuisse d'un nègre
En Europe tu es comme un gibet
(Je voudrais être la tour, pendre à la Tour Eiffel !)
Et quand le soleil se couche derrière toi
La tête de Bonnot roule sous la guillotine
Au cœur de l'Afrique c'est toi qui cours

Girafe
Autruche
Boa
Équateur
Moussons
En Australie tu as toujours été tabou
Tu es la gaffe que le capitaine Cook employait pour
    diriger son bateau d'aventuriers
Ô sonde céleste !
Pour le Simultané Delaunay, à qui je dédie ce poème,
Tu es le pinceau qu'il trempe dans la lumière
Gong tam-tam zanzibar, bête de la jungle rayon-X,
    express bistouri symphonie
Tu es tout
Tour
Dieu antique
Bête moderne
Spectre solaire
Sujet de mon poème
Tour
Tour du monde
Tour en mouvement

(août 1913)

ÉMILE ZOLA

Le Ventre de Paris

Ce fut à la triperie qu'ils firent connaissance de Claude Lantier. Ils y allaient chaque jour, avec le goût du sang, avec la cruauté de galopins s'amusant à voir des têtes coupées. Autour du pavillon, les ruisseaux coulent rouge ; ils y trempaient le bout du pied, y poussaient des tas de feuilles qui les barraient, étalant des mares sanglantes. L'arrivage des abats dans des carrioles qui puent et qu'on lave à grande eau les intéressait. Ils regardaient déballer les paquets de pieds de moutons qu'on empile à terre comme des pavés sales, les grandes langues roidies montrant les déchirements saignants de la gorge, les cœurs de bœuf solides et décrochés comme des cloches muettes. Mais ce qui leur donnait surtout un frisson à fleur de peau, c'étaient les grands paniers qui suent le sang, pleins de têtes de moutons, les cornes grasses, le museau noir, laissant pendre encore aux chairs vives des lambeaux de peau laineuse ; ils rêvaient à quelque guillotine jetant dans ces paniers les têtes de troupeaux interminables. Ils les suivaient jusqu'au fond de la cave, le long des rails posés sur les marches de l'escalier, écou-

tant le cri des roulettes de ces wagons d'osier,
qui avaient un sifflement de scie. En bas, c'était
une horreur exquise. Ils entraient dans une odeur
de charnier, ils marchaient au milieu de flaques
sombres, où semblaient s'allumer par instants
des yeux de pourpre ; leurs semelles se collaient,
ils clapotaient, inquiets, ravis de cette boue hor-
rible. Les becs de gaz avaient une flamme courte,
une paupière sanguinolente qui battait. Autour
des fontaines, sous le jour pâle des soupiraux, ils
s'approchaient des étaux. Là, ils jouissaient, à voir
les tripiers, le tablier roidi par les éclaboussures,
casser une à une les têtes de moutons, d'un coup
de maillet. Et ils restaient pendant des heures à
attendre que les paniers fussent vides, retenus par
le craquement des os, voulant voir jusqu'à la fin
arracher les langues et dégager les cervelles des
éclats des crânes. Parfois, un cantonnier passait
derrière eux, lavant la cave à la lance ; des nappes
ruisselaient avec un bruit d'écluse, le jet rude de la
lance écorchait les dalles, sans pouvoir emporter
la rouille ni la puanteur du sang.

Vers le soir, entre quatre et cinq heures, Cadine
et Marjolin étaient sûrs de rencontrer Claude à
la vente en gros des mous de bœuf. Il était là, au
milieu des voitures des tripiers acculées aux trottoirs, dans la foule des hommes en bourgerons
bleus et en tabliers blancs, bousculé, les oreilles
cassées par les offres faites à voix haute ; mais il
ne sentait pas même les coups de coude, il demeurait en extase, en face des grands mous pendus
aux crocs de la criée. Il expliqua souvent à Cadine
et à Marjolin que rien n'était plus beau. Les mous

étaient d'un rose tendre, s'accentuant peu à peu, bordé, en bas, de carmin vif ; et il les disait en satin moiré, ne trouvant pas de mot pour peindre cette douceur soyeuse, ces longues allées fraîches, ces chairs légères qui retombaient à larges plis, comme des jupes accrochées de danseuses. Il parlait de gaze, de dentelle laissant voir la hanche d'une jolie femme. Quand un coup de soleil, tombant sur les grands mous, leur mettait une ceinture d'or, Claude, l'œil pâmé, était plus heureux que s'il eût vu défiler les nudités des déesses grecques et les robes de brocart des châtelaines romantiques.

Le peintre devint le grand ami des deux gamins. Il avait l'amour des belles brutes. Il rêva longtemps un tableau colossal, Cadine et Majorlin s'aimant au milieu des Halles centrales, dans les légumes, dans la marée, dans la viande. Il les aurait assis sur leur lit de nourriture, les bras à la taille, échangeant le baiser idyllique. Et il voyait là un manifeste artistique, le positivisme de l'art, l'art moderne tout expérimental et tout matérialiste ; il y voyait encore une satire de la peinture à idées, un soufflet donné aux vieilles écoles. Mais pendant près de deux ans, il recommença les esquisses, sans pouvoir trouver la note juste. Il creva une quinzaine de toiles. Il s'en garda une grande rancune, continuant à vivre avec ses deux modèles, par une sorte d'amour sans espoir pour son tableau manqué. Souvent l'après-midi, quand il les rencontrait rôdant, il battait le quartier des Halles, flânant, les mains au fond des poches, intéressé profondément par la vie des rues.

Tous trois s'en allaient, traînant les talons sur les trottoirs, tenant la largeur, forçant les gens à descendre. Ils humaient les odeurs de Paris, le nez en l'air. Ils auraient reconnu chaque coin, les yeux fermés, rien qu'aux haleines liquoreuses sortant des marchands de vin, aux souffles chauds des boulangeries et des pâtisseries, aux étalages fades des fruitières. C'étaient de grandes tournées. Ils se plaisaient à traverser la rotonde de la Halle au blé, l'énorme et lourde cage de pierre, au milieu des empilements de sacs blancs de farine, écoutant le bruit de leurs pas dans le silence de la voûte sonore. Ils aimaient les bouts de rue voisins, devenus déserts, noirs et tristes comme un coin de ville abandonné, la rue Babille, la rue Sauval, la rue des Deux-Écus, la rue de Viarmes, blême du voisinage des meuniers, et où grouille à quatre heures la bourse aux grains. D'ordinaire, ils partaient de là. Lentement, ils suivaient la rue Vauvilliers, s'arrêtant aux carreaux des gargotes louches, se montrant du coin de l'œil, avec des rires, le gros numéro jaune d'une maison aux persiennes fermées. Dans l'étranglement de la rue des Prouvaires, Claude clignait les yeux, regardait, en face, au bout de la rue couverte, encadré sous ce vaisseau immense de gare moderne, un portail latéral de Saint-Eustache, avec sa rosace et ses deux étages de fenêtres à plein cintre ; il disait, par manière de défi, que tout le Moyen Âge et toute la Renaissance tiendraient sous les Halles centrales. Puis, en longeant les larges rues neuves, la rue du Pont-Neuf et la rue des Halles, il expliquait aux deux gamins la vie nouvelle, les trottoirs superbes, les hautes maisons, le luxe des magasins ; il annonçait un art original qu'il sentait venir, disait-il, et qu'il se rongeait les poings de ne pouvoir révéler. Mais Cadine et Marjolin préféraient la paix provinciale de la rue des Bourdonnais, où l'on peut jouer aux billes, sans craindre d'être écrasé ; la petite faisait la belle, en passant devant les bonneteries et les ganteries en gros, tandis que, sur chaque porte, des commis en cheveux, la plume à l'oreille, la suivaient du regard, d'un air ennuyé. Ils préféraient encore les tronçons du vieux Paris restés debout, les rues de la Poterie et de la Lingerie, avec leurs maisons ventrues, leurs boutiques de beurre, d'œufs et de fromages ; les rues de la Ferronnerie et de l'Aiguillerie, les belles rues d'autrefois, aux étroits magasins obscurs ; surtout la rue Courtalon, une ruelle noire, sordide, qui va de la place Sainte-Opportune à la rue Saint-Denis, trouée d'allées puantes, au fond desquelles ils avaient polissonné, étant plus jeunes. Rue Saint-Denis, ils entraient dans la gourmandise ; ils souriaient aux pommes tapées, au bois de réglisse, aux pruneaux, au sucre candi des épiciers et des droguistes. Leurs flâneries aboutissaient chaque fois à des idées de bonnes choses, à des envies de manger les étalages des yeux. Le quartier était pour eux une grande table toujours servie, un dessert éternel, dans lequel ils auraient bien voulu allonger les doigts. Ils visitaient à peine un instant l'autre pâté de masures branlantes, les rues Pirouette, de Mondétour, de la Petite-Truanderie, de la Grande-Truanderie, intéressés médiocrement par les dépôts d'escargots, les marchands d'herbes cuites, les bouges des tripiers et des liquoristes ; il y avait cependant, rue de la Grande-Truanderie, une fabrique de savon, très douce au milieu des puanteurs voisines, qui arrêtait Marjolin, attendant que quelqu'un entrât ou sortît, pour recevoir au visage l'haleine de la porte. Et ils revenaient vite rue Pierre-Lescot et rue Rambuteau. Cadine adorait les salaisons, elle restait en admiration devant les paquets de harengs saurs, les barils d'anchois et de câpres, les tonneaux de cornichons et d'olives, où des cuillers de bois trempaient ; l'odeur du vinaigre la grattait délicieusement à la gorge ; l'âpreté des morues roulées, des saumons fumés, des lards et des jambons, la pointe aigrelette des corbeilles de citrons, lui mettaient au bord des lèvres un petit bout de langue, humide d'appétit ; et elle aimait aussi à voir les tas de boîtes de sardines, qui font, au milieu des sacs et des caisses, des colonnes ouvragées de métal. Rue Montorgueil, rue Montmartre, il y avait encore de bien belles épiceries, des restaurants dont les soupiraux sentaient bon, des étalages de volailles et de gibier très réjouissants, des marchands de conserves, à la porte desquels des barriques défoncées débordaient d'une choucroute jaune, déchiquetée comme de la vieille guipure. Mais, rue Coquillière, ils s'oubliaient dans l'odeur des truffes. Il y a là un grand magasin de comestibles qui souffle jusque sur le trottoir un tel parfum, que Cadine et Marjolin fermaient les yeux, s'imaginant avaler des choses exquises. Claude était troublé ; il disait que cela le creusait ; il allait revoir la Halle au blé, par la rue Oblin, étudiant les marchandes de salades, sous les portes, et les faïences communes, étalées sur les trottoirs, laissant « les deux brutes » achever leur flânerie dans ce fumet de truffes, le fumet le plus aigu du quartier.

C'étaient là les grandes tournées. Cadine, lorsqu'elle promenait toute seule ses bouquets de violettes, poussait des pointes, rendait particulièrement visite à certains magasins qu'elle aimait. Elle avait surtout une vive tendresse pour la boulangerie Taboureau, où toute une vitrine était réservée à la pâtisserie ; elle suivait la rue Turbigo, revenait dix fois, pour passer devant les gâteaux aux amandes, les saint-honoré, les savarins, les flans, les tartes aux fruits, les assiettes de babas, d'éclairs, de choux à la crème ; et elle était encore attendrie par les bocaux pleins de gâteaux secs, de macarons et de madeleines. La boulangerie, très claire, avec ses larges glaces, ses marbres, ses dorures, ses casiers à pains de fer ouvragé, son autre vitrine, où des pains longs et vernis s'inclinaient, la pointe sur une tablette de cristal, retenus plus haut par une tringle de laiton, avait une bonne tiédeur de pâte cuite, qui l'épanouissait, lorsque, cédant à la tentation, elle entrait acheter une brioche de deux sous. Une autre boutique, en face du square des Innocents, lui donnait des curiosités gourmandes, toute une ardeur de désirs inassouvis. C'était une spécialité de godiveaux. Elle s'arrêtait dans la contemplation des godiveaux ordinaires, des godiveaux de brochet, des godiveaux de foies gras truffés ; et elle restait là, rêvant, se disant qu'il faudrait bien qu'elle finît par en manger un jour.

PHILIPPE LE GUILLOU

Paris intérieur

Tout quartier possède son filigrane, son cryp-
togramme qui affleure à chaque pas, à chaque
détour, et libère un peu du sens secret de ce qui
s'est noué là. On ne tissait pas dans le Sentier, on
faisait commerce de tissu et on confectionnait des
vêtements, dans les ateliers pauvres ou miteux des
étages ou des cours ; d'autres choses se tissaient,
des mots de foudre, d'action, de mobilisation et
d'éveil, tout près de l'endroit où était tombé le
corps de Jaurès, foudroyé par les balles de l'exalté
nationaliste Raoul Villain.

C'est ce parfum d'histoire que l'on devine encore
quand on s'aventure dans ce domaine intérieur,
ce jardin de pierres et d'enseignes au cœur du
vieux Paris. Il ne s'agit pas d'un territoire de
beaux monuments et de choses spectaculaires.
Un signe qui ne ment pas : les touristes ne s'y
risquent guère. Les traces, les vestiges filigranés ne
les séduisent pas, et l'image, d'épate et de vulgarité
clinquante, rebute plus qu'elle n'attire. Faut-il s'en
désoler ? Je ne le crois pas. Ils ont suffisamment
de lieux, de points de ralliement pour leurs hordes

grégaires. Ici, c'est tout autre chose qui se joue, de plus intime, de plus magnétique et de moins spectaculaire. Avant les créations d'Haussmann, dit Prévert dans *Imaginaires*, les rues étaient les sentiers des villes. Et il rappelle qu'au cours du terrible hiver de 1612-1613 un loup s'était égaré dans la rue du Sentier. D'où venait-il, des bois, des campagnes proches, rigidifiés par le givre et la glace ? J'avoue que cette histoire de loup venu se perdre dans la nervure étroite du pouls de Paris me fascine, ce loup sans doute chassé ou sacrifié, mais dont l'ombre, menaçante et efflanquée, éclipse pour moi toutes les autres. Ici on se souvient plutôt de la mère de Mozart décédée dans la même rue, de Molière enterré non loin de là, de Jaurès assassiné par le nationaliste innocenté au sortir de la guerre. Toutes ces ombres plus illustres... Qu'on m'accorde le droit de leur préférer, un bref instant, le loup sans nom, l'errant dangereux et affamé, le loup maigre et nocturne du Sentier.

GUILLAUME APOLLINAIRE

Le Pont Mirabeau

Sous le pont Mirabeau coule la Seine
                Et nos amours
        Faut-il qu'il m'en souvienne
La joie venait toujours après la peine

                Vienne la nuit sonne l'heure
                Les jours s'en vont je demeure

Les mains dans les mains restons face à face
                Tandis que sous
        Le pont de nos bras passe
Des éternels regards l'onde si lasse

                Vienne la nuit sonne l'heure
                Les jours s'en vont je demeure

L'amour s'en va comme cette eau courante
                L'amour s'en va
        Comme la vie est lente
Et comme l'Espérance est violente

                Vienne la nuit sonne l'heure
                Les jours s'en vont je demeure

Passent les jours et passent les semaines
  Ni temps passé
 Ni les amours reviennent
Sous le pont Mirabeau coule la Seine

  Vienne la nuit sonne l'heure
  Les jours s'en vont je demeure

GEORGES PEREC

Tentative d'épuisement d'un lieu parisien

Il y a beaucoup de choses place Saint-Sulpice, par exemple : une mairie, un hôtel des finances, un commissariat de police, trois cafés dont un fait tabac, un cinéma, une église à laquelle ont travaillé Le Vau, Gittard, Oppenord, Servandoni et Chalgrin et qui est dédiée à un aumônier de Clotaire II qui fut évêque de Bourges de 624 à 644 et que l'on fête le 17 janvier, un éditeur, une entreprise de pompes funèbres, une agence de voyages, un arrêt d'autobus, un tailleur, un hôtel, une fontaine que décorent les statues des quatre grands orateurs chrétiens (Bossuet, Fénelon, Fléchier, Massillon), un kiosque à journaux, un marchand d'objets de piété, un parking, un institut de beauté, et bien d'autres choses encore.

Un grand nombre, sinon la plupart, de ces choses ont été décrites, inventoriées, photographiées, racontées ou recensées. Mon propos dans les pages qui suivent a plutôt été de décrire le reste : ce que l'on ne note généralement pas, ce qui ne se remarque pas, ce qui n'a pas d'importance : ce qui se passe quand il ne se passe rien, sinon du temps, des gens, des voitures et des nuages.

1.
La date : 18 octobre 1974
L'heure : 10 h. 30
Le lieu : Tabac Saint-Sulpice
Le temps : Froid sec. Ciel gris. Quelques éclaircies.

Esquisse d'un inventaire de quelques-unes des choses strictement visibles :
— Des lettres de l'alphabet, des mots « KLM » (sur la pochette d'un promeneur), un « P » majuscule qui signifie « parking », « Hôtel Récamier », « St-Raphaël », « l'épargne à la dérive », « Taxis tête de station », « Rue du Vieux-Colombier », « Brasserie-bar La Fontaine Saint-Sulpice », « P ELF », « Parc Saint-Sulpice ».
— Des symboles conventionnels : des flèches, sous le « P » des parkings, l'une légèrement pointée vers le sol, l'autre orientée en direction de la rue Bonaparte (côté Luxembourg), au moins quatre panneaux de sens interdit (un cinquième en reflet dans une des glaces du café).
— Des chiffres : 86 (au sommet d'un autobus de la ligne n° 86, surmontant l'indication du lieu où il se rend : Saint-Germain-des-Prés), 1 (plaque du n° 1 de la rue du Vieux-Colombier), 6 (sur la place indiquant que nous nous trouvons dans le 6e arrondissement de Paris).
— Des slogans fugitifs : « De l'autobus, je regarde Paris »
— De la terre : du gravier tassé et du sable.
— De la pierre : la bordure des trottoirs, une fontaine, une église, des maisons...

— De l'asphalte
— Des arbres (feuilles, souvent jaunissants)
— Un morceau assez grand de ciel (peut-être 1/6e de mon champ visuel)
— Une nuée de pigeons qui s'abat soudain sur le terre-plein central, entre l'église et la fontaine
— Des véhicules (leur inventaire reste à faire)
— Des êtres humains
— Une espèce de basset
— Un pain (baguette)
— Une salade (frisée ?) débordant partiellement d'un cabas

Trajectoires :
Le 96 va à la gare Montparnasse
Le 84 va à la porte de Champerret
Le 70 va Place du Dr Hayem, Maison de l'O.R.T.F.
Le 86 va à Saint-Germain-des-Prés

Exigez le Roquefort Société le vrai dans son ovale vert

Aucune eau ne jaillit de la fontaine. Des pigeons se sont posés sur le rebord d'une de ses vasques. Sur le terre-plein, il y a des bancs, des bancs doubles avec un dosseret unique. Je peux, de ma place, en compter jusqu'à six. Quatre sont vides. Trois clochards aux gestes classiques (boire du rouge à la bouteille) sur le sixième.

Le 63 va à la Porte de la Muette

Le 86 va à Saint-Germain-des-Prés

Nettoyer c'est bien ne pas salir c'est mieux

Un car allemand

Une fourgonnette Brinks

Le 87 va au Champ-de-Mars

Le 84 va à la porte de Champerret

Couleurs :
rouge (Fiat, robe, St-Raphaël, sens uniques)
sac bleu
chaussures vertes
imperméable vert
taxi bleu
deux-chevaux bleue

Le 70 va à la Place du Dr Hayem, Maison de l'O.R.T.F.

méhari verte

Le 86 va à Saint-Germain-des-Prés : Yoghourts et desserts

Exigez le Roquefort Société le vrai dans son ovale vert

La plupart des gens ont au moins une main occupée : ils tiennent un sac, une petite valise, un cabas, une canne, une laisse au bout de laquelle il y a un chien, la main d'un enfant.

Un camion livre de la bière en tonneaux de métal (Kanterbraü, la bière de Maître Kanter)

Le 86 va à Saint-Germain-des-Prés

Le 63 va à la Porte de la Muette

Un car « Cityrama » à deux étages

Un camion bleu de marque mercédès

Un camion brun Printemps Brummell

Le 84 va à la porte de Champerret

Le 87 va au Champ-de-Mars

Le 70 va Place du Dr Hayem, Maison de l'O.R.T.F.

Le 96 va à la G are Montparnasse

Darty Réal

Le 63 va à la Porte de la Muette

Casimir maître traiteur. Transports Charpentier.

Berth France S.A.R.L.

Le Goff tirage à bière

Le 96 va à la G are Montparnasse

Auto-école

venant de la rue du Vieux-Colombier, un 84 tourne dans la rue Bonaparte (en direction du Luxembourg)

Walon déménagements

Fernand Carrascossa déménagements

Pommes de terre en gros

D'un car de touristes une Japonaise semble me photographier.

Un vieil homme avec sa demi-baguette, une dame avec un paquet de gâteaux en forme de petite pyramide

Le 86 va à Saint-Mandé (il ne tourne pas dans la rue Bonaparte, mais il prend la rue du Vieux-Colombier)

Le 63 va à la Porte de la Muette

Le 87 va au Champ-de-Mars

Le 70 va Place du Dr Hayem, Maison de l'O.R.T.F.

Venant de la rue du Vieux-Colombier, un 84 tourne dans la rue Bonaparte (en direction du Luxembourg)

Un car, vide.

D'autres Japonais dans un autre car

Le 86 va à Saint-Germain-des-Prés

Braun reproductions d'art

Accalmie (lassitude ?)

Pause.

CHARLES BAUDELAIRE

Tableaux parisiens

LE CYGNE

À Victor Hugo.

I

Andromaque, je pense à vous ! Ce petit fleuve,
Pauvre et triste miroir où jadis resplendit
L'immense majesté de vos douleurs de veuve,
Ce Simoïs menteur qui par vos pleurs grandit,

A fécondé soudain ma mémoire fertile,
Comme je traversais le nouveau Carrousel.
Le vieux Paris n'est plus (la forme d'une ville
Change plus vite, hélas ! que le cœur d'un mortel) ;

Je ne vois qu'en esprit tout ce camp de baraques,
Ces tas de chapiteaux ébauchés et de fûts,
Les herbes, les gros blocs verdis par l'eau des flaques,
Et, brillant aux carreaux, le bric-à-brac confus.

Là s'étalait jadis une ménagerie ;
Là je vis, un matin, à l'heure où sous les cieux

Froids et clairs le Travail s'éveille, où la voirie
Pousse un sombre ouragan dans l'air silencieux,

Un cygne qui s'était évadé de sa cage,
Et, de ses pieds palmés frottant le pavé sec,
Sur le sol raboteux traînait son blanc plumage.
Près d'un ruisseau sans eau la bête ouvrant le bec

Baignait nerveusement ses ailes dans la poudre,
Et disait, le cœur plein de son beau lac natal :
« Eau, quand donc pleuvras-tu ? quand tonneras-tu,
    foudre ? »
Je vois ce malheureux, mythe étrange et fatal,

Vers le ciel quelquefois, comme l'homme d'Ovide,
Vers le ciel ironique et cruellement bleu,
Sur son cou convulsif tendant sa tête avide,
Comme s'il adressait des reproches à Dieu !

                            II

Paris change ! mais rien dans ma mélancolie
N'a bougé ! palais neufs, échafaudages, blocs,
Vieux faubourgs, tout pour moi devient allégorie,
Et mes chers souvenirs sont plus lourds que des
    rocs.

Aussi devant ce Louvre une image m'opprime :
Je pense à mon grand cygne, avec ses gestes fous,
Comme les exilés, ridicule et sublime,
Et rongé d'un désir sans trêve ! et puis à vous,

Andromaque, des bras d'un grand époux tombée,
Vil bétail, sous la main du superbe Pyrrhus,
Auprès d'un tombeau vide en extase courbée ;
Veuve d'Hector, hélas ! et femme d'Hélénus !

Je pense à la négresse, amaigrie et phthisique,
Piétinant dans la boue, et cherchant, l'œil hagard,
Les cocotiers absents de la superbe Afrique
Derrière la muraille immense du brouillard ;

À quiconque a perdu ce qui ne se retrouve
Jamais, jamais ! à ceux qui s'abreuvent de pleurs
Et tètent la Douleur comme une bonne louve !
Aux maigres orphelins séchant comme des fleurs !

Ainsi dans la forêt où mon esprit s'exile
Un vieux Souvenir sonne à plein souffle du cor !
Je pense aux matelots oubliés dans une île,
Aux captifs, aux vaincus !... à bien d'autres encor !

LES SEPT VIEILLARDS

À Victor Hugo.

Fourmillante cité, cité pleine de rêves,
Où le spectre en plein jour raccroche le passant !
Les mystères partout coulent comme des sèves
Dans les canaux étroits du colosse puissant.

Un matin, cependant que dans la triste rue
Les maisons, dont la brume allongeait la hauteur,

Simulaient les deux quais d'une rivière accrue,
Et que, décor semblable à l'âme de l'acteur,

Un brouillard sale et jaune inondait tout l'espace,
Je suivais, roidissant mes nerfs comme un héros
Et discutant avec mon âme déjà lasse,
Le faubourg secoué par les lourds tombereaux.

Tout à coup, un vieillard dont les guenilles jaunes
Imitaient la couleur de ce ciel pluvieux,
Et dont l'aspect aurait fait pleuvoir les aumônes,
Sans la méchanceté qui luisait dans ses yeux,

M'apparut. On eût dit sa prunelle trempée
Dans le fiel ; son regard aiguisait les frimas,
Et sa barbe à longs poils, roide comme une épée,
Se projetait, pareille à celle de Judas.

Il n'était pas voûté, mais cassé, son échine
Faisant avec sa jambe un parfait angle droit,
Si bien que son bâton, parachevant sa mine,
Lui donnait la tournure et le pas maladroit

D'un quadrupède infirme ou d'un juif à trois
    pattes.
Dans la neige et la boue il allait s'empêtrant,
Comme s'il écrasait des morts sous ses savates,
Hostile à l'univers plutôt qu'indifférent.

Son pareil le suivait : barbe, œil, dos, bâton, loques,
Nul trait ne distinguait, du même enfer venu,
Ce jumeau centenaire, et ces spectres baroques
Marchaient du même pas vers un but inconnu.

À quel complot infâme étais-je donc en butte,
Ou quel méchant hasard ainsi m'humiliait ?
Car je comptai sept fois, de minute en minute,
Ce sinistre vieillard qui se multipliait !

Que celui-là qui rit de mon inquiétude,
Et qui n'est pas saisi d'un frisson fraternel,
Songe bien que malgré tant de décrépitude
Ces sept monstres hideux avaient l'air éternel !

Aurais-je, sans mourir, contemplé le huitième,
Sosie inexorable, ironique et fatal,
Dégoûtant Phénix, fils et père de lui-même ?
— Mais je tournai le dos au cortège infernal.

Exaspéré comme un ivrogne qui voit double,
Je rentrai, je fermai ma porte, épouvanté,
Malade et morfondu, l'esprit fiévreux et trouble,
Blessé par le mystère et par l'absurdité !

Vainement ma raison voulait prendre la barre ;
La tempête en jouant déroutait ses efforts,
Et mon âme dansait, dansait, vieille gabarre
Sans mâts, sur une mer monstrueuse et sans bords !

SOURCES

Aimons Paris, capitale de la liberté !

Texte de Dany LAFERRIÈRE, mis en ligne sur le site Internet des Éditions Mémoire d'encrier. © Dany Laferrière, 2015.

Texte extrait de *Paris est une fête*, d'Ernest HEMINGWAY, traduit de l'américain par Marc Saporta et Claude Demanuelli. Édité et introduit par Seán Hemingway. Avant-propos de Patrick Hemingway, Folio n° 5454. © Hemingway Foreign Rights Trust. © Éditions Gallimard, 1964 et 2011, pour la traduction française.

Texte extrait de *L'Année terrible*, de Victor HUGO. Édition présentée, établie et annotée par Yves Gohin, Poésie/Gallimard n° 194.

Texte extrait de *Calligrammes*, de Guillaume APOLLINAIRE, préface de Michel Butor, Poésie/Gallimard n° 4.

Texte extrait de *La Prière sur la Tour Eiffel*, de Jean GIRAUDOUX, chez Émile-Paul frères, Paris, 1923.

Texte extrait de *La Diane française* in *Œuvres poétiques complètes*, tome I, de Louis ARAGON. Édition publiée sous la direction d'Olivier Barbarant, Bibliothèque de la Pléiade n° 533. © Seghers, 1946, 2006.

Texte extrait de « Au rendez-vous allemand » in *J'ai un visage pour être aimé*, de Paul ÉLUARD, préface d'André Velter, Poésie/Gallimard n° 447. © Éditions de Minuit, 1945.

Texte extrait du *Grand Bal du Printemps*, de Jacques PRÉVERT, Folio n° 1075. © Éditions Gallimard, 1976.

Texte extrait de « Paris, ville de l'éternelle jeunesse » in *Romans, nouvelles et récits*, tome II, de Stefan ZWEIG, traduit de l'allemand par Dominique Tassel. Édition publiée sous la direction de Jean-Pierre Lefebvre, Bibliothèque de la Pléiade n° 588. © Éditions Gallimard, 2013.

Texte extrait du *Testament* in *Œuvres complètes*, de François VILLON, Bibliothèque de la Pléiade n° 598.

Texte extrait de *Le Tout sur le tout*, d'Henri CALET, chapitre XXIII, L'Imaginaire n° 64. © Éditions Gallimard, 1948.

Texte extrait des *Essais*, de Michel de MONTAIGNE, III, 9, modernisation inédite. © Éditions Gallimard, 2016. Texte originel in *Les Essais*, de Michel de Montaigne, Bibliothèque de la Pléiade n° 14.

Arrivée à Paris

Texte extrait d'*Aurélien*, de Louis ARAGON, chapitre VIII, Folio n° 1750. © Éditions Gallimard, 1944.

Texte extrait de *Paris ma grand'ville*, de Roger GRENIER, Le sentiment géographique. © Éditions Gallimard, 2015.

Texte extrait de « L'Occident » in *Les Éblouissements*, d'Anna de NOAILLES, *Œuvre poétique complète*, Éditions du Sandre, 2013.

Texte extrait d'*À nous deux, Paris !* de Benoît DUTEURTRE, chapitre III, Folio n° 5690. © Librairie Arthème Fayard, 2012.

Errances parisiennes

Texte extrait de *Zazie dans le métro*, de Raymond QUENEAU, Folio n° 103. © Éditions Gallimard, 1959.

Texte extrait de *Quai des enfers*, d'Ingrid ASTIER, Folio policier n° 642. © Éditions Gallimard, 2010.

Texte extrait de *Mélo*, de Frédéric CIRIEZ, Folio n° 6097. © Éditions Gallimard, 2013.

Texte extrait de « Paris de France » in *Jaune, bleu, blanc*, de Valery LARBAUD, L'Imaginaire n° 259. © Éditions Gallimard, 1927, 1991.

Texte extrait de *Paris est une fête*, d'Ernest HEMINGWAY, traduit de l'américain par Marc Saporta et Claude Demanuelli. Édité et introduit par Seán Hemingway. Avant-propos de Patrick Hemingway, Folio n° 5454. © Hemingway Foreign Rights Trust. © Éditions Gallimard, 1964 et 2011, pour la traduction française.

Réminiscences de lieux parisiens

Texte extrait de *Quartier perdu*, de Patrick MODIANO, Folio n° 1942. © Éditions Gallimard, 1984.

Texte extrait de *Du monde entier au cœur du monde*, de Blaise CENDRARS, préface de Paul Morand. Édition établie par Claude Leroy, Poésie/Gallimard n° 421. © Éditions Denoël, 1947, 1963, 2001, 2005.

Texte extrait du *Ventre de Paris*, d'Émile ZOLA, préface d'Henri Guillemin. Édition d'Henri Mitterand, Folio classique n° 3708.

Texte extrait de *Paris intérieur*, de Philippe LE GUILLOU, L'Arpenteur. © Éditions Gallimard, 2015.

Texte extrait d'*Alcools*, de Guillaume APOLLINAIRE, Folio n° 5546.

Texte extrait de *Tentative d'épuisement d'un lieu parisien*, de Georges PEREC. © Éditions Christian Bourgois, 1975.

Texte extrait des *Fleurs du Mal*, de Charles BAUDELAIRE. Édition de Claude Pichois, Folio n° 3219.